꽃자리

박순자 수필집

꽃자리

박순자 수필집

1판 1쇄 인쇄/ 2011년 11월 20일
1판 1쇄 발행/ 2011년 11월 25일

지은이 / 박 순 자
펴낸이 / 우 희 정
펴낸곳 / 도서출판 소소리

등록 / 제300-2007-21호
주소 110-521 서울 종로구 혜화로 35길
　　　　　　경주이씨중앙회빌딩 302-1호
전화 / 765-5663, 766-5663(Fax)
e-mail: sosori39@hanmail.net
www.sosori.net

값 12,000 원

*잘못된 책은 바꿔드립니다.

ISBN 978-89-97294-05-3　　　03810

꽃자리

박순자 수필집

책을 내면서

삶의 길에서 문학을 만난 건 큰 행운이다. 어릴 적부터 꿈꾸어 오던 터라 더욱 그렇다.

길섶에 꽃들이 만발하던 봄이더니 어느덧 저마다 다른 색으로 물들어가는 가을 끝자락이다.

지금의 자리에 오기까지 내게도 눈물과 한숨 쉬는 일들이 많았다. 다가갈 수 없는 안타까움도 있었고, 돌이킬 수 없는 아쉬움과 잃어버린 시간들에 대한 미련들…. 그런 것들이 글을 쓰게 했다.

갯가의 해조음을 들으며 파도에 밀려오는 이야기들을 모았다. 가족이야기며 친구, 그리고 사회에 하고 싶은 말들을 멋 부리지 않고 진솔하게 썼다. 시공을 뛰어넘어 사물의 깊이를 관찰하고 의미를 부여하고자 했지만 아직은 많이 부족하다. 그 곁에 그림 몇 점 날개를 달아보았다.

소소하면서도 평범한 사연을 모아 첫 수필집 『꽃자리』를 엮는다. 부끄러운 글이지만 한 사람이라도 힘이 되고 위로를 받는다면 좋겠다. 이 꽃자리를 펼칠 수 있게 지도해주신 선생님과 든든한 버팀목이 되어 준 가족과 문우들에게 고마움을 전한다.

그리고 예쁜 수필집을 출판해준 '소소리'사에도 감사드린다.

2011년 11월

多來 박순자

▷ 차 례

▷ 책을 내면서

1. 바람이 되어 단풍을 닮듯

12 ◁ ─ 사람 사는 풍경
17 ◁ ─ 앉은자리
22 ◁ ─ 비취빛 사랑
27 ◁ ─ 오월의 향기
32 ◁ ─ 세월의 무게
36 ◁ ─ 겨울을 닮은 편지
40 ◁ ─ 겨울 동행 · II
44 ◁ ─ 내 모습 엿보기
49 ◁ ─ 세상을 살다보면
54 ◁ ─ 녹슨 가스레인지

2. 세월을 들추어보면

능소화의 꿈 —▸ 60
태풍이 지나간 자리 —▸ 65
하얀 연가 —▸ 71
떠나가는 배 —▸ 75
漫畵鏡(만화경) 속 사람 —▸ 78
중년의 매력 —▸ 82
물보다 진한 것 —▸ 87
빈 광주리 옆에 끼고 —▸ 91
빨간 마후라 —▸ 95
서울광장 —▸ 100

3. 두 가닥 실로 엮은 그림

104 ◂ — 가깝고도 먼 사람
109 ◂ — 큰 선물
113 ◂ — 소중한 만남
118 ◂ — 양심의 양면성
122 ◂ — 어떤 해프닝
126 ◂ — 熱花(열꽃)
131 ◂ — 藝鄕(예향)의 도시
135 ◂ — 한 점 별빛으로 빛나는 말
139 ◂ — 운명의 수레바퀴
143 ◂ — 영원한 세상
147 ◂ — 匠人(장인)의 손길

4. 파도로 밀려오는 것들

세상과의 소통 —▸ 154
좁쌀 한 알에 우주를 담아 —▸ 159
촛불집회 —▸ 163
냉정한 저울 —▸ 166
다랑이 마을 —▸ 170
더불어 사는 삶 —▸ 174
땅에게도 휴식을 —▸ 179
火星人(화성인) —▸ 184
한낮의 어둠 —▸ 188
잔인한 봄 —▸ 192

고동주 ‖ 박순자의 수필세계 —▸ 197

1.
바람이 되어 단풍을 닮듯

사람 사는 풍경

 살면서 가지 않아도 되는 곳이 몇 군데 있다. 검찰청이나 법원과 경찰서 등일 것이다. 일이 생겨서 꼭 가야할 때면 괜스레 죄지은 사람처럼 쭈뼛거리게 된다.
 창으로 햇살이 따숩게 밀려드는 아침이었다. 어장 하나 살 요량으로 법원 경매과를 찾았다. 시작 한 시간 전인데도 많은 사람들이 모여 들었다. 바쁘게 챙겨나간 탓인지, 서류작성을 하느라 긴장한 탓인지 등에는 땀투성이다. 커피 한 잔을 자판기에서 뽑아 복도 빈자리에 앉았다.
 불안하고 초조한 듯 초점 없이 천장만 보고 있는 사람, 힘없이 앉아 있는 사람, 세월의 흔적이 골 깊게 내려앉은 70대 노부부, 커피 잔을 들고 남의 얘기를 떠들어대는 목소리 큰 사람들도 있다.

많은 사람들이 각양각색의 색깔과 모습으로 살아간다는 걸 한눈에 볼 수 있는 곳이었다.

경매가 시작되었다. 경매사는 무표정한 얼굴로 시작을 알렸고, 서류를 챙기는 빠른 손놀림과 통상적이고 형식적인 언어들이 자장(磁長)을 일으키며 사람을 압도해 왔다. 돈이 된다 싶은 땅이나 건물들은 경합자들이 많아 희비가 엇갈리는 진풍경을 보면서 사람 사는 방법이 이런 것이 아닌데 하는 생각이 들었다.

백여 평 되는 공간 안에 한 시간을 있다 보니 머릿속은 혼미해지고 차멀미 하는 것처럼 속이 메스꺼웠다. 잠시 찬바람 쏘일 요량으로 복도로 나갔다.

수많은 사람들이 썰물처럼 빠져나간 빈자리에 누군가 반쯤 마시다 버린 종이컵을 보며 우리가 사는 일상의 단면을 보는 것 같았다. 실눈을 감고 상념에 빠져드는데, 시작 전에 걱정스럽게 앉아있던 노부부가 한숨을 토하며 옆에 앉았다.

"○○할배요. 인자 우리는 어찌 살아 갈끼요? 울매나 살다가 죽을 낀지 모르겠지만 날씨는 점점 추워지고 큰일 아잉교…."

푸념과 넋두리를 쏟아내며 눈가를 연신 닦는 할머니, 아무 대꾸 없이 할머니 등을 토닥거리는 할아버지. 그 옛날 능력 없음을 한스러워하시던 아버지 모습이 그 자리에 있었다. 옴두꺼비처럼 눈가가 벌겋게 되는 할아버지를 보니 울컥 연민의 정이 느껴졌다.

"안 될 줄 알면서도 낙찰되지 않기를 바랐는데, 두 번 정도 유찰되고 나면 조금 빚내서 살려고 했는데…."
 할머니의 말씀이 가슴을 아프게 했다.
 자식 사업 자금 마련하기 위해 가지고 있는 전재산인 집을, 담보로 은행돈을 쓴 것이 경매로 넘어간 것이리라. 한 가닥 희망을 안고 법원을 찾아온 그들의 사연을 들으면서, 꿀꺽! 침 넘어가는 소리가 너무 커 스스로 놀라 내가 죄인이 되어 숨을 죽였다.
 '우리네 살아가는 날들 중에 셋은 즐거움이요 일곱은 눈물이다.' 어느 나라 속담처럼 자식 둔 행복과 즐거움은 셋이요, 자식으로 인한 아픔과 고단함은 일곱임을 한탄하고 있었다. 눈물바람을 하던 노부부가 자리를 뜨고 난 뒤, 경매장으로 다시 들어갔다. 시간 따라 희비가 엇갈린 사람들이 빠져나간 빈자리에 앉아서 내 순서를 기다렸다.
 "○○씨 낙찰입니다"라는 소리를 들었지만 발이 떨어지지 않아 두세 번 더 호명을 듣고야 일어섰다. 내 마음대로 낙찰은 되었지만 기쁘기보다 어둡기만 했다.
 산다는 것이 항상 평행선을 달릴 수는 없는 일이다. 오르막길로 계속 올라갈 것 같지만 어디 세상사가 그렇던가. 내리막길이 있을 것을 미리미리 대비하지 못했던 노부부의 자식을 생각하게 되고 내가 낙찰을 본 어장 주인도 자식 사업 빚에 혹 저당된 것은 아니

었는지, 이런저런 생각들이 머릿속을 복잡하게 했다.

 경매장을 빠져 나오면서 10월의 청옥(靑玉)빛 말간 하늘을 봤다. 곡절도 많고 한숨과 눈물이 마르지 않는 우리 인간사도, 푸릇한 하늘빛이면 얼마나 좋을까 막연한 기도를 하며 쫓기듯이 법원을 나왔다.

 그날 저녁, 빛바랜 '도덕경'을 펴놓고 하루를 돌이켜봤다. 되도록이면 남들에게 피해주지 않는 삶을 살아야지 하는 마음을 가져 보았다. 아마도 경매장에서의 일은 평생을 살아가는 동안 큰 교훈이 될 것이다.

앉은자리

 마당 잔디밭에는 풀벌레소리 가득하다. 처서(處暑) 지난 바람 한 줄기 창문 틈으로 잡히지도 않고 만질 수도 없는 난(蘭) 향기를 보듬고 들어온다.
 지난여름 태풍 때, 집 마당이 침수되면서 귀퉁이로 밀려나갔던 화분에서 난이 꽃을 피웠다. 끈질긴 생명력이란 이런 걸 두고 하는 말인가. 꽃잎에 하얀 이슬방울 머금고 청아한 향기 툭툭 틔우는 난 화분 몇 개를 운이 나게 닦는다. 내 마음자리 닦아내듯이. 아! 좋다. 살아있다는 것이, 살아간다는 것이 이렇게 좋구나 싶다.
 며칠 전, 정신적 풍요를 꿈꾸는 나를 이해해주지 않는다는 이유로 남편과 싸웠다. 밤낮없이 날개를 비비던 여름날 매미처럼 그렇게 몇 날을 내 감정에 빠져 지냈다. 싸움은 둘이 똑같아야 한다고 했던가. 어느 한 사람 비켜서서 화를 삭여야 했는데도 같이 나이 들어간다는 이유로 타협하지 않았고, 내가 어떻게 살아 왔는데 하는 섭섭함에 물러서지 않았다.

부부란 미움까지 같이 안고 살아가는 거라고 했지만 지혜롭게 대처하지 못한 자신을 자책하면서도 화해가 되지 않았다. 며칠을 내 안에 지옥과 천국을 만들어 놓고 숨차게 오르내렸다.

어릴 적부터 문학에 대한 꿈을 가슴 깊은 곳에 품고 살아왔다. 나이 쉰이 되어 글 쓰는 재미에 흠뻑 빠져들었고, 늦게 시작한 그림까지 나를 종종거리게 했다. 내가 좋아하는 일이라서 열정을 갖고 한동안 앞만 보고 달렸다. 생각지도 못했던 큰 공모전에서 상도 받게 되어 우쭐해졌다.

그런 어느 날, 남편과 멀리 떨어져 있는 나를 발견하게 되었다. 미안함에 어깨를 움츠리는데 무심코 던진 남편의 한마디가 가시처럼 상처를 준 것이다.

내 안에 잠재해 있던 작은 재능을 풀어갈 수 있도록 시간과 여유를 준 그에게 감사는커녕 나만의 잣대로 빗금 쳐 놓았다. 완벽한 자유를 느끼지 못함을 속상해 하며 자신을 학대한 것인지도 모른다. 텅 빈 머릿속에서 쇠북소리가 나는 걸 듣던 날은 죽은 듯이 눈을 감고 밤을 하얗게 지새웠다. 그런 숱한 날들을 말없이 지켜봐 준 남편이 있었기에 지금의 내가 있지 않은가.

앉은자리 · 19

그가 보기에는 글을 잘 쓰는 작가도 그림을 잘 그리는 화가도 아니었을 것이다. 평범한 주부가 화려한 꿈을 좇아 허상에 젖고 신기루를 찾아간다고 생각했을지도 모른다. 그렇다고 이제 와서 오랫동안 꾸어왔던 그 꿈들을 포기할 수 없는 일이었다. 부족함이 많기에 그것을 채우려고 또 욕심을 부릴 것이고, 여백은 항상 나에게 가능성을 부여해 줄 것임을 알고 있기에 열심히 채울 것이다.

엊저녁까지 마음속에 감옥을 만들어놓고 빗장을 굳게 닫았다. 술 취하여 들어온 남편은 모든 것을 상실한 듯 차가운 거실바닥에 옷도 벗지 않고 누워있었다. 냉철하면서도 이성적이고 합리적인 평소의 모습은 그곳에 없었다. 지나간 세월의 흔적을 말해주듯이, 바닷바람에 그을린 골 깊은 주름 사이로 같이 늙어 있는 모습만 있었다. 서로를 바라보는 눈에는 여태껏 살아 온 연민의 정이 묻어나왔다. 배려하는 마음이 조금이라도 있었더라면 이토록 서로에게 상처를 주지 않아도 될 일이었는데….

향기 가득한 난꽃 이파리 속에서, 작은 거미가 꽁지에서 흰 점액질을 뽑아내어 부지런히 집을 짓고 있다. 실바람에도 파르르 흔들리는 이파리 사이에서 무엇을 얻기 위해 저토록 정성을 다할까. 동작이 정밀한 기계처럼 각의 형태가 정확했다. 자로 잰 듯 반듯한 거미줄을 보면서, 가치관을 바탕으로 매달리던 어제의 내 모습을 보는 것 같았다.

살다보면 수시로 강한 바람이 불 때가 있다. 그 바람에 흔들리지 않는 사람은 없겠지만, 잘 견디고 나서 돌이켜보면 분명 날 키워낸 은인이란 것도 알 수 있다. 구름이 곱게 깔려있는 하늘을 보며 잠시 비켜서서 스스로 위로하며 웃었다. 가시방석처럼 여기던 자리가 여태껏 내가 만든 꽃자리란 걸 잊고 살았던 것이다. 손안에 한 묶음도 안 되는 작은 욕심으로 자존심을 내세워 아등바등거리며 싸우다가, 되돌아서서 후회를 하고 있었으니 말이다. 봄날에 얼음 풀리듯이 우리는 그렇게 옭아맨 마음들을 풀었다.

 남남이 만나서 부부의 연을 맺고, 가정이라는 한 축을 이루고 있는 동안이라도 공간적 위치를 바꾸지 않아야겠다는 반성도 하였다.

 오늘은 남편이 들어오면 살며시 팔짱을 끼고 오래전에 길들여진 모습으로 되돌아가 상그레 웃어주어야겠다. 그렇게 할 때 내가 앉은 이 자리가 행복이고, 사랑이 만들어 준 튼실한 꽃자리가 될 테니까.

 누군가 나를 인정하지 않는다고 해도, 스스로에게 최면을 걸어 '넌 대단한 여자야.'라고 후하게 칭찬하면서 이 꽃자리를 지켜가련다.

비취빛 사랑

 노을이 발갛게 내려앉는 해질녘이다. 작은 섬 사이로 불어오는 갯바람이 자잘한 물무늬를 만들 때마다 바다 위는 유색 보석처럼 눈이 부시다.
 서향(西向)집 이층 유리창에는 200호 죽지(竹紙) 위에 큰 평붓으로 붉은 채색들을 흩뿌려 그린 그림 한 폭이 고스란히 걸려 있다.
 "야! 눈이 시리다. 나는 저 꽃을 보면 눈이 시려오는데 당신은 마음이 많이 아리겠네."
 며칠 출장을 다녀와 대문 안으로 들어서다가, 꽃밭 한쪽에 자리 잡고 담장 너머까지 활짝 핀 수국을 보며 남편이 한마디 건네는 것이다.
 몇 해째 수국이 피는 6월이면 세월 속에 떠나보낸 간절한 그리

비취빛 사랑 · 23

움으로, 한 차례씩 울음을 삼키고 몸살을 앓아왔다. 그런 심약한 마음을 걱정하며 짭짜래하게 땀내 나는 손으로 어깨를 다독이며 안아주었다.

줄 떨어진 꼬리연처럼 키 큰 향나무 가지 사이로 발그레한 구름이 길게 걸려있다. 황금빛 목덜미를 두른 동박새 떼들이 피리를 부는 것처럼 아름답게 지절거리며, 동백나무 밑에서 서로 좋은 자리를 잡으려고 바쁘게 날갯짓을 하고 있다.

그중에 두 마리는 다정스레 마당에 내려앉아 꼬리를 흔들며 껑쭝거렸다. 바람도 쉬어가고 구름도 잠시 앉았다가는 빗물 고인 돌확에서, 까만 주둥이로 물을 찍어 털을 고르며 모양새를 다듬는다. 목욕하고 부부 연(緣)을 만들려는지….

20여 년 전, 작은 어촌 갯마을에 하늬바람이 불던 1월이었다.

'가난한 나를 의지하며 살 수 있겠느냐?'면서 손마디가 억센 손을 내밀며 사랑을 고백하던 남편을 따라, 내 젊음과 꿈을 고향 친정집에 모두 풀어놓고 바다만 보고 사는 이름 없는 촌부가 되어 시집으로 오기 전 날이었다.

혼인한 지 사흘째 되던 날, 삼일(三日) 신행(新行)을 마치고 시집살이에 필요한 물품을 챙기시던 어머니가 아래채 마당으로 내려가셨다.

연초록 꽃순을 달고 봄이 멀지 않음을 느끼게 하던 따뜻한 해거름 때. 저녁노을이 오늘처럼 장독대 위에 곱게 내리는 뒤란 꽃밭에서, 봄을 기다리는 수국 곁가지 하나 꺾어 작은 화분에 심어 주시던 어머니. 맨손으로 흙을 꾹꾹 다지던 어머니 손등 위로 노을빛 눈물이 차갑게 떨어지고 있었다.

"힘없고 늙어지니 우리 막내한테 줄 게 아무것도 없구나. 이 화분 밖에는… 이 꽃을 잘 키워서 고향 산천이 그립고 어미가 보고 싶걸랑 보거라. 꽃 필 때쯤이면 네 모습도 화려하고 소담스러울 것이다. 뒷날에 후회하는 일이 없도록 마음 가는 대로 행동하지 말고, 세 번 이상 생각하여 행동에 옮기도록 해라. 큰 것을 위해 작은 것을 귀하게 여기며, 편안하고 부유할 때 가난을 염려하여 검소하게 살아가거라. 어진 어미 모습이 자식들 소망을 풀어줄 큰 힘이니, 열 번 백 번 참고 견디다 보면 훗날 꼭 성공할 거다."

마흔이 넘어 늦게 본 막내딸 잘 살기를 간절하게 기도하며 덕담 한 줌, 당부 한 줌, 눈물 한 줌 섞어 흙은 다져졌다.

혼수품 바리바리 싸주지 못하는 것이 안타까워 노심초사 하셨던 어머니의 서러운 정성으로 싸고 또 싸서 시집으로 왔다. 그때 온 하얀 마른 꽃가지는 담장 너머까지 큰 키를 키우며 꽃을 피웠다. 20여 년 전 어머니 바람처럼, 풋풋한 풀향을 풍기며 화려하고 풍성한 꽃송이 속에 비취빛 하늘이 그대로 담겨있다.

노을이 곱게 물든 바다 위에 현란한 눈부심도 잠시, 작은 섬 사이로 긴 그림자가 구석구석 어둠으로 내려앉는 이 시간이 되면 마음이 평온해진다. 어머니의 따뜻한 사랑과 추억들이 파도처럼 밀려와 출렁거린다.

'어머니! 어머니가 가르쳐 주신 유순한 사랑 덕분에 오늘 이런 여유와 행복이 있음을 감사드립니다.'

하얀 머그잔에 엷게 탄 커피 한 잔을 들고 서서, 저녁 햇살을 받아 속내까지 청옥빛으로 내비치는 수국을 본다. 누구에게도 방해받지 않는 이 시간만큼은, 욕심도 걱정도 하나 없이 세상을 전부 가진 부자가 되어 아득히 먼 곳을 향하여 목울음을 삼키며 섰다.

한 가지 소원이 있다면, 훗날 어머니의 딸로 다시 태어나고 싶다. 어머니를 닮고 또 딸을 낳아서 어머니처럼 간절한 기도 한줌 담아 비취빛 사랑을 가르쳐 볼 텐데….

(2002)

오월의 향기

초록빛 물결이 가득한 오월이다.

연둣빛에서 진초록으로 바뀌는 오월이 되면 싱그럽고 풋풋한 냄새를 맡는다. 아버지의 체취가 나는 것 같기도 하고, 몇 십 년을 함께한 남편의 냄새도 배어 있는 것 같다. 또 유년의 풀꽃 향이 나기도 하지만 희망을 주는 청청한 젊음의 향기도 있다.

누군가 말했었다. 풀냄새, 산냄새가 나는 오월은 첫사랑 향기라고. 혼자서 지독하게 가슴앓이를 한 짝사랑 같은 것이라고. 첫사랑? 짝사랑? 아련한 추억들이 묻어 있는 순수한 시간들이기에 그런 말들을 했을 것이다.

어김없이 봄은 찾아왔다. 세월과 계절은 예전 그대로인데 변하는 건 나 자신인 것만 같아 추억의 끈을 놓지 않으려고 지난날을 반추하곤 한다.

 마음의 여유로움 때문일까. 봄 향기에 취하여 눈을 감고 하얗게 빛바랜 사진 속의 기억들을 꺼내어 잘잘한 웃음을 입가에 문다. 그리 넉넉하지는 않았지만 육남매의 막내로 행복했던 유년 시절. 그 시절의 소박하고 천진했던 순수를 떠올리며 가끔 내 아이들에게 오월의 옛이야기를 들려준다.

 어릴 적, 나는 짓궂은 악동으로 소문난 개구쟁이였다.

 계집애들이 하는 고무줄이나 공깃돌 놀이보다는 뜰채를 들고 냇가에서 소금쟁이나 물방개를 잡으러 다녔다. 못자리 해놓은 논에 들어가 논 고둥 줍는다고 발자국 움푹 남겨놓고 도망치던 아이. 아버지 오빠가 타고 다니는 자전거를 몰래 끌고 나와, 감나무 밑에 세워놓고 페달을 젖는 연습을 하다가 무릎에 멍이 퍼렇던 아이. 올챙이가 꼬물거리는 개구리 알집을 건져내어 펑퍼짐한 돌 위에 올려놓고 하얗게 말리던 짓궂은 머슴애들과 더 즐겨 다녔다. 산으로 들로 쏘다니다가 거뭇한 산 그림자가 내려앉고 집집마다 굴뚝에서 하얀 연기가 피어오를 때쯤, 이름을 크게 부르는 어머니와 언니들의 목소리에 끌려 마지못해 사립문 안으로 들어가던 아이였다.

 이른 봄부터 피어나는 키 작은 깽깽이풀과 제비꽃, 애기똥풀처럼 이름도 정겨운 것들이 산과 들에 지천으로 피어나 벌, 나비를 부르는 햇살 따뜻한 날이었다.

오월의 향기 · 29

내 나이 아홉 살 적 일이다. 허리춤에 흘러내리는 책 보따리 풀어 아래채 툇마루에 던져 놓고 "엄마" 하고 불러봤지만 집은 텅 비었고 부메랑처럼 내 목소리만 감돌아 나왔다.

나는 부엌 선반 위에 얹혀 있는 밥 소쿠리를 내려놓고, 파란 하늘에 구름까지 말갛게 내려앉은 야트막한 우물 속에서 김치단지를 건져 올렸다. 보리밥 한 대접에 고추장 넣고 쓱쓱 비벼 부뚜막 가에 앉아 잘 익은 열무김치 한 조각 베어 먹는 맛은 꿀맛이었다.

밥을 씹는 둥 마는 둥 급하게 먹고, 피비 뽑으러 가자고 동무들과 약속한 공터로 내달았다. 장난기가 동한 한 동무가 깜부기 하나 뽑아서 땀이 끈끈하게 밴 얼굴에 눈썹 위에 눈썹, 입가에 수염을 그려놓고 서로 쳐다보고 웃는 웃음소리는 종달새처럼 맑은 하늘빛을 따라 날았다.

산 능선 너머까지 결 고운 잔디가 깔려 있는 언덕배기에 등을 낮추어 피비를 뽑았다. 굵고 살이 통통한 것을 몇 개 까서 입에 넣고 껌처럼 씹었다. 달짝지근한 풀향이 입안 가득 고이고 목덜미 뒤로 쏟아지는 햇살이 따뜻하다는 걸 느꼈다.

"막내야! 막내야 정신 차려봐라."

시간이 얼마나 지났을까. 눈을 떠보니 방안이었다. 어머니와 아버지께서는 "아이구 우리 막내 살았다."시며 울고 계셨고, 오빠와 언니, 동네 사람들이 손뼉을 치며 좋아했었다.

후에 알게 된 일이지만 피비를 뽑다가 기절해버렸다고 한다. 식은 보리밥을 급하게 먹은 것이 급체하여 사지가 마비되고 입을 꽉 다물고 죽어갈 때, 아버지는 왼손 검지를 이빨 사이로 밀어 넣고 그 틈새로 약과 물을 먹이면서 기도가 막히지 않게 했다는 것이다. 살갗이 벗겨져 피가 흐르는 아픔을, 아이 살려야한다는 일념으로 견디셨던 아버지이시다. 그 일로 인해 당신의 손가락 둘째마디가 잘록해지면서 큰 흉터가 생겼다. 오랫동안 무명붕대를 감고 계셨던 기억이 지금까지도 콧등이 시큰하고 가슴을 아릿하게 한다.

 아버지! 하고 나직하게 불러본다. 아버지는 나를 이 세상에 두 번 태어나게 하신 분이다. 살아가는 세월이 무겁다는 핑계로 당신께 한 번도 고마움을 표현하지 못했다. 검지 끝이 오그라져 있는 걸 만져 보면서도 사랑한다는 말 한마디 하지 못했던 것이다. 이제는 해드리고 싶지만….

 오월. 오월이 되면 볕살 좋은 창가에 서서 지금의 여유와 행복으로 살게 해주신 아버지를 생각하게 된다.

 바람, 꽃, 쌉쌀한 산 냄새가 어우러져 어김없이 찾아오는 자연의 향기를 가슴으로 안고 사는 중년이 되고 두 아이의 어미가 되고서야 아버지의 향기를 느낀다. 뻐꾹새가 뒷산에서 간간이 운다. 어버이 그리워 우는 애절한 울음소리만 같아서 두 눈 가득 눈물 고인다.

세월의 무게

 키가 갑자기 작아진 것 같아 깜짝 놀랐다. 그날 나는 발돋움을 하기도 하고 거실과 마당을 돌아다녔다. 침체되어진 기분에 짓눌려 이곳저곳으로 전화를 했지만 아무도 연결되지 않았다. 이 시간에 집에서 전화 받는 사람은 몸이 아픈 사람이라는 우스개도 있지만, 못내 서운함은 저녁 어스름처럼 내려앉았다.
 아쉬움이 남은 자리는 외로움이 밀물처럼 밀려와 코끝이 찡했다. 환하게 내비치는 청옥 빛 바다를 보고 섰노라면 머리에서 발끝까지 수소 가득 찬 풍선처럼 하늘을 향해 자유를 찾는다. 이런 증상을 '폐경'이라고 한다던가.
 얼마 전만 해도 전신에 흘러넘치는 에너지를 발산하기 위해 새벽부터 저녁때까지 다리품을 팔고 다녔고, 원하는 일은 큰 죄가

되지 않는다는 나만의 정당성을 내세우며 길 위로 씩씩하게 누비고 다녔다. 그리고 추억의 편린들을 모아 채색 속에 나를 가두며 작품에 몰입 했었다.

그런데 언제부턴가 내 몸 안에서 작은 반란이 일어났다. 혼신을 다해 그린 그림은 어둡고 칙칙하다는 이유로 창고 속으로 던져졌고, 몇 날 몇 밤 지새우며 몸부림친 글들은 밋밋하고 재미없다면서 미련 없이 쓰레기통으로 내던져버렸던 것이다.

여태껏 내 삶의 발자취는 자식들에게 남겨주는 한 권의 도덕책이라는 생각으로 놓쳐 버린 게 많았다며, 늪처럼 빠져드는 감정을 추슬러볼 마음으로 집을 나서기도 했지만 가슴 짜릿함은 그 어느 곳에서도 찾을 수가 없었다. 내 안에 갇혀 옴짝달싹도 못할 때 엉뚱하게도 또 다른 반란을 꿈꾸었다가 원점으로 돌아왔다.

오후였다.

"배고픈데 지금 집에 가면 되겠소?" 아니 '밥상 차려라' 여태 하던 일방적인 통보는 간데없고 오늘따라 목소리에 힘이 없다.

입동 지난 서늘한 날씨 때문일까. 전과 다르다는 것을 느끼며 바쁘게 식사 준비를 하는데 현관문이 열리고 들어서는 남편의 모습에서 움찔 놀라고 말았다.

젊고 낯선 아저씨가 서 있는 것이 아닌가.

나이를 먹는다는 것은 이렇게 소소한 곳에서부터 출발이구나 싶다.

중국 진시황제도 불로초를 찾아 영생할 수 있기를 갈구했었고, 세계를 제패할 꿈을 꾸던 나폴레옹도 자신이 늙어감을 인정하지 않으려 했다는 이야기도 있지 않은가. '세월에는 장사 없다'는 속담을 생각한 나는 머리 염색을 해서 십년은 젊게 보인다는 말을 남편에게 건네며 웃어주었다.

한 달이 멀다않고 미장원을 드나들며 머리 염색을 하던 내 모습만 보였지, 남편에게도 흰 머리가 늘어간다는 것을 별 의식하지 않았다. 오늘따라 그를 보는 순간 가슴 안에서 바람 한줄기 싸하니 지나가며 미안해졌다.

"흰머리가 늘어나는 것도 삶의 연륜이잖아요."

오십이 훌쩍 넘어버린 나이, 지나온 시간이 자식들의 본보기가 될 수 있는 나이다. 의무적이고 사무적인 관계를 떠나 서로의 모습에서 안쓰러움을 볼 줄 알고, 주변을 살필 줄 아는 그런 눈으로 세상을 살아가자고 서로에게 위로했다.

> 나는 현재의 내 나이를 사랑한다.
> 인생의 어둠과 빛이 녹아들어
> 내 나이의 빛깔로 떠오르는
> 내 나이를 사랑한다.

어느 시인의 「내 나이를 사랑한단다」의 한 구절이 떠오른다. 세월의 무게를 무겁게만 생각할 것이 아니라 연륜이 쌓여 있음을 기뻐하리라고….

(2007)

겨울을 닮은 편지

　서서히 깨어나는 새벽하늘을 보고 섰다. 긴 밤의 고요가 뼛속까지 밀려드는 작은 방에서 온몸으로 차갑게 안겨드는 아련한 그리움을 혼자 삭이고 있을 청년을 생각한다. 여섯시가 넘은 시간임에도 동짓달이라 그런지 별들은 빛나고, 하얀 그믐달은 손톱만큼 남은 미련을 보듬고 모로 서 있다.
　시간 따라 어둠이 옅어지는 하늘과 바다를 보면서 가슴 한 곳이 답답하기만 한 것은 얼마 전에 받았던 한 통의 편지 때문이리라. 서너 평 남짓 갇힌 공간에서 망설이고 망설이며 글을 썼다던 K도 지금 작은 창을 통해 그믐달을 보고 있을까. 언젠가 대낮처럼 환한 만월로 떠오를 청춘을 그리며 자성의 시간을 갖고 있을 것이다.
　며칠 전, 우편함에 낯선 이름의 편지 한 통이 들어 있었다. 주소는

마산사서함이었고 이름도 생소했다. 잘못 온 것이 아닐까 하고 다시 살펴보았더니, 아들 이름 뒤에 어머님 귀하라고 적혀 있는 게 아닌가.

'지금 제 처지에 뭐라 드릴 말이 없습니다.'라는 서두로 하여 현재의 심정을 솔직하게 풀어쓴 그의 편지는 왜 그리도 내 가슴을 아프게 하던지….

어느 날, 큰아이가 중학교 동창이라며 예의 바르고 이목구비가 반듯한 청년 K를 소개해주었다. 그는 제법 규모가 큰 레스토랑을 운영하고 있었다. 손수 음식을 나르는 모습에서 좋은 인상을 받았고, 주변 사람들에게 아들 친구이니 자주 들러주라며 자청해서 홍보대사가 되어 주었다. 그런데 우연히 그에 관한 소문을 들었다.

폭력전과자. 나는 순간 놀람도 있었지만 과거보다는 현재가 중요하다며 그를 변호해 주었다. 그런데 얼마 전, 또 젊음을 저당 잡혔다는 이야기를 전해 듣고는 적잖은 충격을 받았다. 사람 좋게 보는 내 판단과 믿음이 이제는 흐려지는구나 자책까지 하면서.

그런 나에게 보내온 한 통의 편지는 겨울하늘을 닮아 눈을 시리게 했고 겨울바다를 닮아 가슴 안에 시퍼런 파도가 일렁거렸다.

K는 아버지의 사업실패로 사춘기를 방황하게 되었고, 객지로 외롭게 떠돌다보니 자신도 모르는 사이 그렇게 되었다고 했다. 많은 시간을 허비하고 뒤돌아보니 가족의 소중함도 알게 되었고, 피해자의 입장에서 그들의 아픔까지 알게 되었단다. 마치 고해성사 같은

편지를 읽자 그동안 불신했던 마음은 사라지고 그에게 무슨 말로서 희망을 줄 것인지를 고민하게 되었다.

문득 어린 시절 폭행을 당하고 몇 번인가 자살을 시도했다던 흑인 여배우가 생각났다. 빈민촌에서 불우한 과거를 극복하여 지금은 유명한 배우이자 토크쇼 진행자로, 빈민구제 자선사업가로 성공한 '오프라 윈프리'였다.

그녀는 어느 방송사에서 이렇게 말했었다.

'사람들과 쉽게 포옹할 수는 없지만 진실로 대하다보면 모든 사람들이 친구가 되고, 또 미래를 향한 꿈을 꾸다보면 긍정적인 사고들이 모여 내일을 열 수 있는 열쇠가 된다. 이 세상의 모든 것들은 우연히 만들어진 것은 없다.'라고 하던 이야기를 그에게 들려줄까 하는 생각이 들었다.

세상에 혼자 버림받은 것 같은 외로움에 젖지 말고 가슴 따뜻한 사람들이 기다리며 있다고…. 이런 말들이 그의 마음을 편안하게 해 줄진 모르겠지만 어미의 사랑을 담아 답장을 써 보내야겠다. 사람이 살아가는 데는 과거의 시간들이 발판은 되어 주겠지만 현재가 더 중요하지 않겠는가라고 말해주련다.

어느새 어둠 걷히고 아침햇살이 거실 가득 밀려들고 있다. K의 차갑고 시린 마음이 따뜻한 햇살을 받아 환하게 밝아지기를 빌어보는 아침이다.

(2007)

겨울 동행 · II

　불가능해 보이는 현실을 가능으로 바꾸는 긍정적인 성격이 부럽다.
　창가에 노을빛이 곱게 밀려들고, 잔설이 남아 있는 응달진 나뭇가지 위에 까만 박새 한 마리가 목청을 가다듬는 해질 녘이었다.
　'지난해는 슬픔을 가득 담은 채 스치는 풍경을 바라봤는데 오늘은 기쁨을 감출 길 없는 시선으로 바라봅니다.'라는 메시지가 온 것이다.
　그녀한테 뭔가 특별하고 기쁜 일이 있을 것 같아서 얼른 전화를 했다.
　"언니야! 나 이제 괜찮대. 내 몸 안에 크고 있던 암 덩어리가 모두 사라졌대. 의사선생님도 기적이라 하시더라."
　웃음이 방글방글 묻어 있는 동생의 목소리는 하늘을 향해 쏘아

올리는 폭죽처럼 환했고, 저녁노을도 그녀를 축복이라도 하는 듯 붉게 물들고 있었다.

작년 이맘때쯤, 갑상선암이 임파선까지 전이되었다며 목 안 가득 울음이 찬 동생의 전화를 받고 얼마나 가슴 미어질 듯 아팠던가. 그랬는데 일 년 만에 완쾌되었다니….

암은 초기에 발견하여 수술이나 치료를 받으면 회복된다고 했다. 하지만 암이라는 선고를 받으면 환자나 가족들은 슬픔과 실의에 빠지게 되고 모든 활동에 마비가 오게 된다. 더군다나 동생의 암세포는 임파선까지 전이되었다지 않았던가.

아! 살아있다는 것이, 살아간다는 즐거움이 이런 전화 한 통에서도 느낄 수 있구나 싶다. 멀겋게 커피를 가득 타서 한 모금씩 마셨다. 커피향이 집안 가득 퍼지고 찻잔이 식을 때쯤에야 다소 진정이 되었다.

지난해는 우리를 성숙하게 해준 한 해였다. 암 선고를 받은 동생은 병마를 이기기 위해 최선을 다했고, 삶과 죽음의 갈림길에서 온갖 고통을 감내하면서도 인사치례는 빠지지 않았던 그녀다. 내게 특별한 일이 있을 때마다 꽃다발을 들고 울산에서 서울까지 올라와 주곤 했었다. 아프고 힘들 텐데 오지 말라고 해도 막무가내였다. 그렇게 정을 주던 동생에게 나는 제대로 해준 것이 없었다. 수술을 받을 적에도, 방사선 치료를 받을 때에도 바쁘다는 핑계로 함께하지 못해 미안해하면 도리어 날 위로해 주었다.
 '행복과 즐거움은 나눌 수 있지만 몸 아픈 것만은 혼자 감당해야 할 몫'이라며 미소를 잃지 않았다.
 "기분 좋은 일이 생겼어요. 동생이 다 나았대요."
 가까운 친지들과 친구들에게 「겨울 동행」 주인공이 다 나았다고 전화를 해댔다. 모두들 진심으로 자신의 일처럼 기뻐하며 축하해주었다.
 작년겨울 둘이서 동해안으로 여행을 다녀온 바로 뒷날 수술하러 간다는 연락을 받았다. 병의 진행속도가 빨라져서 열흘 정도 앞당겨 간다고 할 때 얼마나 가슴 졸였던가. 그런 위급한 수술을 받고, 1차 2차 방사선 치료까지 받았다. 한 달 전에도 힘들게 음식을 조절하는 모습을 보았던 터였다. 그랬었는데 결과가 이렇게 좋다니….
 며칠 후 통영으로 온다고 한다. 그녀가 오면 작년처럼 둘이서 새로 열리는 시간 위에 새로운 변화를 찾아 길을 떠나보자고 해야겠다.
 지난해는 확실치 않은 길 따라서 헤매느라 노심초사했지만 이제는 다르지 않은가. 동해안으로 여행갈 때 겨드랑이에 스멀스멀 자라 나오던 날개를, 올해는 활짝 펴 서해안으로 갈까보다. 입가에 행복한 웃음 가득 담아 웃으면서 말이다.
 올해는 생생한 기쁨과 인생의 가장 행복한 길을 갔다가 돌아올 수 있으니 주저 없이 여행 가방을 챙겨둬야겠다.

　추위를 잘 견디는 나무들처럼, 강인하고 긍정적인 성격이 세상을 살아가는데 참 중요하다는 것을 새삼 느꼈다. 동생처럼 매사에 웃음을 잃지 않고 자신을 담금질하는 밝은 성격을 닮아보고 싶은 날이다.

내 모습 엿보기

백담사

떠나고 싶다는 충동에 맞물려 길을 나서기로 한 날이다.

울산에 사는 동생과 시조시인 후배와 의기투합하여 출발하기로 했는데, 엊저녁부터 태풍(산산)이 비바람을 몰고 왔다. '남해와 동해 쪽으로 폭우와 바람이 몰아칠 것이다.'라고 하던 무시무시한 일기예보와는 다르게 뽀얀 구름 사이로 내미는 아침 햇살이 화창했다.

설악산 능선에는 9월 초순인데도 단풍이 곱게 들고 있었다. 내 설악 만해마을에 들어서니 산기슭에 어스름이 기웃이 내려앉았다. 백담사까지 가는 셔틀버스가 오후 5시면 끊어진다는 것을 몰랐던 우리는, 느긋하게 아침, 점심, 저녁(하루 세끼)식사를 한 그릇으로 해결하고 나왔다.

"여기서 백담사까지 걸어가면 두어 시간 소요되는데 그래도 가실 란가?"

산행하는 전문꾼들과 사뭇 다른 우리를 아래위로 훑어보며 뜨악한 표정을 짓던 매표원의 말을 흘려듣고, 겁 없이 백담사로 향했다.

해거름의 숲은 단필에 잘 그린 수묵화를 보는 것 같다며 소풍 나온 아이들처럼 떠들며 좋아했다. 그렇게 즐기던 것도 잠깐이었다. 저만치 앞서가던 사람들은 어느새 산 그림자 속으로 사라졌고, 간간이 들려오던 발자국소리도 흐르는 물소리에 묻혀버렸다. 어디가 어딘지 한치 앞도 보이지 않는 어둠 속에 갇혀버린 것이다.

지난여름 폭우로 떠내려 간 가장자리로 발을 헛디디지 않도록 우리들은 서로 손을 잡았다. 기온이 떨어져 귓불은 차가운데 등줄기와 손바닥에서는 축축하게 땀이 배어 나왔다. 잘못된 판단이라는 걸 알았을 때는 이미 저만치 흘러간 물처럼 돌이킬 수가 없었다.

우리네 삶도 그렇지 않은가. 한순간의 잘못된 판단이 자칫 돌이킬 수 없는 후회를 낳게 된다는 것을 말이다.

손전등 하나 준비 없이 출발한 무모한 산행이었다는 후회가 생기면서, 그동안 계산 없이 살아온 시간들을 되돌아보게 했었다.

내게 가장 소중한 것은 무엇이었던가? 여태껏 보듬고 살아온 내 실체는 어디에 있는가? 눈을 떠도 눈이 없는 사람이 되었고, 머리가 있어도 생각이 정립되지 않던 내 모습을 엿보며 걸었다. 하나를 손해보고 또 하나를 얻을 것이라는 생각으로 길 위에 섰는데 어둠 속에 갇혀버렸으니….

얼마를 헤매고 갔는지 모른다. 희미한 불빛 하나가 눈에 들어왔다. 숨차게 능선 하나를 더 넘어가야 하는데도 스님들의 독경소리가 들리는 듯해서 발걸음이 한결 가벼워졌다.

백담사! 환한 불빛이 우리들의 노고를 풀어주었다.

이 시간에 어떻게 왔느냐는 스님에게 울컥 눈물을 쏟을 뻔했다. 우리는 서로 부둥켜안고 "아줌마 만세다! 아줌마는 용감했다."를 외쳤다. 무지막지하게 어둠을 뚫고 백담사에 올랐던 우리들, 그런 용기라면 앞으로 어떤 어려움도 헤쳐 나갈 수 있겠다는 생각을 한 밤이었다.

봉정암

적막을 깨우는 목탁소리에 푸석푸석한 얼굴로 일어나니 새벽 4시다. 바깥으로 나가 보니 옷깃을 세우게 하는 바람이, 회양목 가지 위에 걸린 별들과 그네를 타고 있다. 별무리 속에 같이 출렁거리는 내 모습을 보며 배낭을 챙겼다.

새벽 예불을 마치고 간단하게 식사를 하였다. 봉정암까지 5~6시간의 산행이기에 소금주먹밥 한 개씩을 받아 배낭에 넣었다.

사금파리처럼 빛을 내던 별들이 하나 둘 사라져갈 즈음, 뽀얀 안개를 머리에 둘러 쓴 아침이 깨어났다. 신발 끈을 단단하게 조여 맸다.

능선을 따라 한 마리 연어처럼 상류를 거슬러 계속 올랐다. 바위 하나하나, 풀 한포기, 울창한 숲이 산의 역사라고 하던 설악산. 안타깝게도 곳곳마다 흙더미가 무너져 있었고, 키가 큰 나무들이 뿌리째 뽑혀 떠 밀려 가다가 서로 엉켜 있었다. 지난여름 폭우가 휩쓸고 지나간 협곡에서 굴러 내린 토사로 계곡과 숲은 복구할 수 없을 만큼 훼손되어 있었다.

하늘나라 선녀들이 놀려왔다는 전설을 가진 선녀탕은, 예전에 봤던 그 모양이 아니었다. 훗날에 전설 속으로 사라지고 묻혀가는 것들이 어디 이 설악산뿐이겠는가. 어느 날 다시 바라보는 눈에 맞추어진 모습으로 머릿속에 남게 될 것이다.

표지판을 보니 반쯤 올라와 있었다. 살아오면서 지치고 힘들 때마다 하나에서 백을 세며 이겨냈던 것처럼, 스스로에게 '넌 해낼 수 있을 거야.'라는 최면을 걸며 계속 걸었다.

산은 빛깔로 소리를 내고 물은 소리로 자신을 드러내는 가을 설악산을 보며, 그동안 내 안에 가두고 있던 아집과 욕심으로 생긴 아픔들을 한 겹씩 벗겨냈다. 산을 오르면서 나뭇잎 하나 피고 지는 것도 인연 따라가고, 내가 싫어서 떠나는 사람도 모두 다 인연 법으로 떠나감을 알게 되었다.

넘어가기 힘들다는 '깔딱 고개'를 얼굴색이 파래지도록 겨우 오르고 보니, 그 위에는 무량수전이 기다리고 있었다. 바위 끝에 팔각지붕을 이고 있는 봉정암! 민흘림기둥에 기대서서 숨고르기를 하며 수많은 사람들이 다녀간 자리에서, 우리들의 의지력과 인내심을 다시 확인하였다.
  '새가 하늘을 날지만 날갯짓의 고통을 볼 수 없고, 깊은 계곡에서 불어오는 바람소리는 들을 수 있어도 볼 수가 없음이다.'는 법문이 계속 뇌리를 맴돌았다. 소소한 일상 속에서 나누고 또 배려하면서 행복을 느낄 수 있도록, 다시금 내 모습을 엿보며 소청봉 바위 끝의 단아한 7층 사리탑 앞에서 백팔기도를 올렸다. 선한 마음으로 한 세상 볼 수 있도록 다짐을 하면서….
  대청봉 정상에서 내려다보는 설악의 풍경은 한줄기 욕심 없는 바람이 되고 빛 고운 단풍을 닮아가고 있었다.

세상을 살다보면

밤이 늦었는데 오랫동안 보지 못한 고향 친구로부터 전화가 왔다. 삶의 무게 때문에 자주 얼굴은 보지 않았지만 항상 물안개 빛으로 촉촉이 가슴에 와 닿는 친구다. 풀잎에 내려앉은 이슬처럼 탱탱하던 젊은 날은 퇴색되어가도 아직은 그때의 푸르름이 흥건히 남아있다.

"얘! 나 지금 너무 외로워, 바람이 날려고 하는데 어쩌누? 한치 앞도 못 보는 눈 먼 제비 없을까?"

"요조숙녀도 그런 소리할 줄 아네. 그런데 왜 하필이면 눈 먼 제비냐?"

"얘는 아직 그것도 모르냐. 눈 먼 제비라야 늙었는지 젊은지 모르잖아. 호호호…." 크게 웃는 친구의 웃음소리에서 대숲을 지나가는 바람소리 같은 쓸쓸함이 느껴졌다.

　아이들 다 키워 품 밖으로 내보내고 해바라기하는 남편마저 무심하여 세상사는 재미가 없다고 하는 친구의 시린 마음을 다독이며 전화를 끊었다.

　가을이란 계절 탓도 있지만 요즘 남자와 여자, 많은 사람들이 다들 외롭다는 말들을 자주 하게 되고 자주 듣는다. 한 집에 살아도 서로 무관심 속에서 붕괴되어 가는 부부들이 생겨나고 있다. 아내는 남편, 남편은 아내에 대한 사랑, 가족에 대한 열정이 식어버려 자기 설자리를 잃어버리고 방황하는 사람들이 많다. 우리들이 살아가는 삶의 질에 따라 생각과 판단이 다르겠지만, 고단한 삶을 다스리지 못하고 외로움을 억제하지 못하여 충동적인 사랑과 책임지지 않는 행동들이 비일비재하게 생기게 된다.

　탁자 밑에 어질러진 신문을 정리하다가 신문 한 면에 '이혼'이란 글이 적혀 있는 것을 읽었다. TV드라마, 컴퓨터, 인터넷 등등 발달된 문명이 주는 원초적인 사랑 놀음에 이혼이 급증한다는 사실들이 적혀있었다.

　한국 이혼율 세계 2위, 세계 각국 통계에 잡힌 자료를 비교하면 미국 다음으로 높단다. 최근 이혼을 많이 한다는 말은 들었지만 우리나라가 선두 대열에 들었다는 것이 믿어지지 않는다. 우리가 언제부터 이혼이라는 단어에 익숙해졌는지…. 부모의 이혼으로 고아가 많이 생긴다는 서글픈 글을 읽으면서, 남편과 아내의 사랑과 부모와 자식의 사랑을 한 번 생각하게 했다.

　사람들은 사랑을 많이 받으려 하기 때문에 문제가 될까. 아니면 사랑하지 않아서 문제가 될까. 사랑할 대상을 가족이 아닌 다른 곳에서 찾기 때문에 불행을 스스로 자초하는 것이 아닐까. 신문을 보면서 혼자 질문하고 답하였다.

　내 주변에도 작은 그릇에 오래 머물지 않는 바람 같은, 그 바람 (?)기 때문에 중년 나이에 이혼한 부부가 있다. 웬만해선 부서지지 않을 것 같이 인내하며 서로에게 잘 길들여져서 보기 좋게 닮은 부부들인데, 어쩌다가 그 지경이 되었는지 안타까웠다.

　요즘은 20년 30년 이상 같이 살아온 중년도 이혼을 예사롭게 하고, 노인이 되어서 헤어지는 황혼이혼도 급증하고 있단다. 이혼은 부부 두 사람으로 끝나는 것이 아니고, 주변사람들뿐만 아니라 자식들까지 불행하게 만든다. 오늘처럼 신문을 읽거나, TV를 보면서 이것은 분명 어른들 잘못이라는 것을 느낄 때가 있다.

　이 불행을 막을 수 있는 방법은 없을까? 상대방을 조금만 이해할 수 있는 마음을 갖는다면 두고두고 후회 하는 일은 생기지 않을 것인데….

　얼마 전, 남편의 바람기 때문에 이혼한 부인을 우연하게 만났다. 핏기 없는 얼굴은 꺼칠하고 힘들어하는 기색이 역력했다. 사랑하는 사람들과 함께 있지 않음으로 생기는 공백은 그 무엇으로 대신할 수 없다는 것을 느꼈다.

 우리네 사는 게 다 그렇듯이 나날이 즐겁고 행복한 것만은 아니다. 세상을 살다보면 세월 속에 먼지처럼 쌓이는 것들이 많다. 삶의 틈바구니에는 생각지도 않았던 일들이 쌓여서, 가슴이 터질 것 같이 아파 몸부림칠 때가 있다. 온몸으로 사랑하며 보듬고 살아온 세월이 억울하여, 등을 기대고 앉아 목울음을 꺽꺽 토하며 울 때도 있다. 그럴 때마다 세월을 순식간에 밀어젖히고 내 아이들의 건강하고 밝게 커가는 모습을 생각하면서, 자신을 다독이며 일어날 때가 한두 번이 아니지 않았던가.

 내가 누군가로 인하여 이렇게 건강하고 행복하듯이, 그 누군가도 나로 인하여 행복을 느낀다면 내 존재의 의미는 그것으로 충분하지 않을까. 세월이 한참 지난 후, 되돌아보며 스스로에게 칭찬할 수 있는 그런 선택을 한다면 후회할 일은 생기지 않을 것이다.

 고달프고 힘든 일이 있어도 좌절하거나 포기하지 않고 상그랗게 눈웃음 웃을 수 있는 부부, 그 부모를 닮은 자식들이 있는 가정이 얼마나 보기 좋은가. 나를 닮은 가족이 이 세상에 같이 있다는 것만으로도 우리에게 큰 축복이며 행복 아닌가 말이다.

 해질녘에 얕은 담장 너머 골목집에서 고소한 음식 냄새가 나고, 행복하고 따뜻한 웃음소리가 들린다. 달그락거리며 밥 먹는 소리,

젊은 부부가 웃으며 이야기하는 소리, 아이들이 아옹다옹 싸우는 소리들이 정겹게 느껴지는 까닭은 이 세상 전부이자 하나인 '가족'이 있기 때문이다.

이 가을이 가기 전에 외로워서 못 견디겠다는 친구와 한 번 만나야지. 가을바람에 서걱서걱 흔들리는 키 큰 외로움을 떨쳐 버리고, 노을이 곱게 물든 바다가 보이는 전망 좋은 찻집에 앉아야겠다. 잠시 잠깐 꿈꾸듯 환상의 세계를 배회하는 중년의 시린 반란을 빛깔 고운 와인 한 잔으로 잠재우자고 해야지.

세상을 살다보면 홀로 서 있는 것 같은 상실감과 무력감으로 주저앉고 싶은 때가 간간이 있다고….

(2003)

녹슨 가스레인지

 입춘 지나고 봄이 온 듯이 볼에 닿는 바람이 따스하다. 춥지 않던 주말에 아들 결혼식이 있어 친척 분들이 집으로 오시던 날이었다.
 음식 준비를 하기 위해 먼저 온 윗동서가 다용도실에 있는 오래된 가스레인지를 보고 또 한마디 하는 게 아닌가.
 "몇 년 전부터 버리라고 했는데 아직도 쓰고 있나? 불도 제대로 안 켜지는걸. 왜 여태껏 안 버리고 있는지 모르겠다."
 혀를 껄껄 차는 형님의 말을 귓등으로 흘려들으며 생선찜 솥을 올려놓고 가스레인지에 성냥불을 붙였다. 내 기대에 어긋남 없이 불은 켜졌고 파란 불꽃이 튀면서 삼사십 분쯤 지나자 생선 익는 냄새가 났다. 오래된 가스레인지이지만 굽고 삶고 익히는 몫을 톡톡히 해내고 있는 것이다. 제 몫을 다하는 가스레인지를 보고 있

으니 오래전의 그리움들이 어지럼증처럼 울렁거렸다.

 겨울을 이긴 봄꽃들이 앞다투어 피던 서른 해 전의 일이다. 어린 두 아들을 앞세우고 모처럼 친정에 갔었다. 풀기 빠진 광목처럼 후줄근한 막내딸 입성을 보신 어머니는, 이불 밑에서 하얀 손수건에 싸두었던 무언가를 꺼내시더니 내 손에 꼭 쥐어 주셨다. 펴서 보니 다리미로 다린 듯이 빳빳한 돈 20만원이었다. 몇 번을 손사래 치다가 당신 눈가에 이슬이 맺히는 걸 보고 마지못해 받았다. 그것을 받아야만 편안해하실 것 같아서였다.
 시집보낼 때 혼수 제대로 못해 준 것이 늘 가슴속에 복벽(複壁)으로 남아 있었던가. 옹색하게 사는 막내딸에게 무언가를 해주고 싶으셨던 모양이다. 하여 자식들이 준 용돈을 한푼 두푼 모으셨을 것이다. 당신인들 왜 돈이 필요하지 않으셨을까. 그날은 뒤란에 빨갛게 핀 홍매화보다도 더 눈시울이 붉어졌다.
 시댁으로 돌아온 뒷날, 부자가 된 듯이 전자 상가로 달려갔다. 때깔 좋게 진열해 놓은 제품들을 보니 사고 싶은 것이 많았으나, 살갑고 애틋한 어머니의 마음을 담아 꼭 필요한 가스레인지를 구입했다.
 그 시절 어장 일을 도와주는 사람들 간식을 손수 준비해야 했기에 가스레인지가 필요했다. 빵집의 빵은 비싸서 살 수가 없고, 밭에서 캐온 고구마로 맛탕이나, 밀가루를 반죽하여 찐빵을 만들거나, 호박전으로 대신했던 것이다.

연탄도 귀하던 시절이라 가마솥에 불을 지펴 밥을 했고, 냄비 밑이 새까맣게 검댕이 묻어나는 석유곤로로 반찬을 만들곤 했다.

어머니가 주신 돈으로 화구(火具) 4개가 있는 가스레인지를 구입하고부터는, 일하는 시간을 절약할 수 있어 한결 수월했다. 무엇보다도 새벽잠을 더 잘 수 있어 좋았다. 조금 늦게 일어나도 전날 준비해두었던 간식거리를 만들기에 시간이 충분했던 것이다. 그렇듯 제 한 몸 아낌없이 베풀어준 가스레인지건만 새로 꾸며진 주방에는 얼씬 못하고 있다.

지금은 비록 녹이 묻어나오고 불꽃이 튀지 않는 세월의 더께가 앉은 고물이지만, 한때는 윤기가 반질반질했던 나의 살림살이 보물 3호였는데….

다용도실에서 특별한 날이 아니면 찾지 않게 되는 녹슨 가스레인지를 보면서 가끔은 암울한 생각이 들 때가 있다. '나도 어느 날 자식들한테 쓸모없다고 홀대 받는 날이 오면 어떻게 할까?'라는 염려를….

얼마 전에 며느리 둘을 봤다. 아이들이 녹슨 가스레인지를 보면서 동서처럼 다 낡은 고물을 애지중지한다고 흉을 볼지도 모른다. 그걸 알면서도 아직은 버리고 싶지 않다. 내 젊은 날의 고단한 삶이 고스란히 녹아있기에 오래오래 간직하고 싶은 것이다.

훗날 며느리가 살림을 맡아하면서 고물이라고 내다버리려 한다면, 묵정밭이 되어버린 큰골에다가 잘 묻어주라고 해야 할까 보다.

오래전에 그리움으로 채워가던 어머니의 모습이 있고, 어머니를 닮아있는 내가 삼십여 년 세월을 함께했으니 그런 끈끈한 정을 어찌 함부로 내다 버릴 수 있으랴.

(2010)

2.
세월을 들추어보면

능소화의 꿈

　오늘따라 가족들의 귀가 시간이 늦어진다. 거실에 앉아 유안진의 '지란지교(芝蘭之交)를 꿈꾸며'를 큰소리로 읽어보지만 그래도 심심하다. 밖을 내다보니 어둠이 파도처럼 밀려오고 새벽에 나갔던 배들이 불 밝힌 채 선착장으로 들어오고 있다. TV를 켜놓고 앉았다. 섰다 별별 행동을 다 해보아도 여전히 무료하다.
　이럴 때 차 한 잔을 나누며 속내를 털어놓을 수 있는 친구가 있다면 얼마나 좋을까. 바라만 봐도 웃음이 나오고 곁에 있어주는 것만으로 힘이 되는 친구, 슬픈 일 기쁜 일 함께 나눌 수 있다면 정말 행복하겠다. 잔잔한 미소로 수다 떨고 싶을 때 마주할 수 있는 그런 사람을 왜 여태 두지 못했을까. 아쉬움이 남는다.
　아침 해가 빗살무늬를 만들며 바다 위로 솟아오를 때, 그 해오

름을 같이 바라보는 키 큰 미루나무 같은 남편이 있고, 식탁에 둘러앉아 자잘한 웃음 얹어 식사를 하는 해바라기 같은 자식들도 있다. 그런데도 마음은 늘 빈 둥지를 안고 사는 것처럼 허허롭다.

 나이 탓일 게다. 뭔가를 잃어간다는 조급함이 밀려올 때면, 깍지 낀 손가락이 저리도록 나를 붙들고 밤을 꼬박 새울 때가 한두 번이 아니다. 오래전에 포기해 버렸던 작은 욕심들이 불거져 나오고, 생이 하릴없이 비루해지고 초라하게 느껴진다. 귓속에서 윙윙거리는 이명이 들리고, 편두통이 생겨 고통스러워도 혼자 감당해야 한다. 그럴 때 마음과 마음을 열어 정신적으로 안정감을 줄 수 있는 사람. 나이가 많으면 어떻고 손아래면 어떤가. 선한 눈으로 마주보며 웃고 얘기할 수 있으면 되는 것이다.

 가끔 내 안 가득 보듬고 있던 집착덩어리들을 민들레 홀씨처럼 날려버리고 싶을 때면 대문을 나선다. 신발을 끌며 천천히 선창가를 걷는다. 갯바람 쐬며 내 마음속에 빈 공간을 만들고 낮은 자세로 기도를 한다.

 "나 자신을 사랑하게 해주소서! 좀 더 나 자신을 사랑할 수 있게 해주소서!"

 비록 허황한 꿈일지라도 간혹 오늘처럼 외로움을 달랠 때면, 달빛처럼 살며시 다가와 내 손을 잡아주는 그런 사람 하나 갖게 되기를 기도 하는 것이다.

작은 언덕 시릿-대숲에서 풀벌레 소리가 고요를 깨뜨리며 들려온다. 갖추지 않은 내면의 짧은 지식 때문에 거침없는 자유를 느끼지 못하여 속상할 때, 세상 이치를 깨닫게 하고 항상 깨어 있는 삶을 살 수 있도록 영혼을 밝게 해주는 그런 친구와 함께 이 밤을 밝히고 싶어진다.

 수수한 안개꽃 한 다발 선물하며 은근한 눈빛으로 쳐다봐 주는 이가 내 곁에 있기를 꿈꾼다.

 취미가 같은 화우에게 내 꿈이 이루어지도록 매일 밤 기도한다고 은근한 목소리로 말하자 손가락을 머리 위로 빙-빙 돌리며 한마디 하는 것이다.

 "꿈도 야무지다. 만약에 그런 사람이 있다면 전생-이생(前生-生)에 빚이 많거나 죄지은 사람일 것이다."라고 했다.

 빚진 사람? 죄진 사람?

 상대에게 언제나 갚아야 할 빚이 있다고 느끼는 사람이야말로 진정한 사랑을 할 줄 아는 사람이다. 말은 없어도 순수한 마음을 나눌 수 있으면 된다. 눈빛만 쳐다봐도 즐거움을 볼 수 있다면 그것이 얼마나 좋은 일인가.

 그러니 나는 포기하지 않을 것이다. 청신한 이십대의 열정과 탱탱한 젊음은 없지만, 쉰 살이 넘은 중년의 작은 흔들림을 따뜻한 손으로 감싸 보듬어 주는 친구가 내 곁에 있기를 늘 꿈 꿀 것이다.

내일도 모레도….

 사랑에 빠진 능소화의 꿈 상대가 꼭 사람이 아니어도 된다. 내 안을 보듬고 속내를 표현할 수 있는 문학이어도 좋고, 열정을 풀어놓는 그림이 되어도 좋다.

 하얀 모시 같은 구름 사이로 팔월 보름달이 환하게 떴다. 별이 수놓인 밤하늘을 바라보니, 사랑에 빠진 달의 여신 아르테미스가 노란 달맞이 꽃 한 아름 안고 그리운 임을 찾아 달려가는 듯하다.

(2004)

태풍이 지나간 자리

 반쯤 열린 창문 사이로 보름달이 설핏 들어왔다. 시커먼 구름 사이로 내비치는 달빛을 보니 초조하고 불안했던 마음이 조금 느긋해졌다. 전깃줄엔 아직도 세찬 바람이 윙윙 소리 내며 맴돌고, 대문은 삐딱하게 떨어진 채로 바람을 맞고 덜컹거렸다. 현관까지 밀려왔던 바닷물도 쓰레기만 모아놓고 빠져나갔다.
 해일로 인해 방안까지 들어온 바닷물을 피해 옷도 채 입지 못하고, 맨발로 우리 집으로 대피했던 이웃들도 한숨 돌리며 당신들 집으로 갔다.
 우리의 터전인 축양장이 걱정 되어 선창가로 나가 보았다. 선착장에는 태풍을 피해온 배들이며 뗏목들이 초저녁까지만 해도 가득 메우고 있었다. 줄을 엮어서 촘촘히 묶어둔 배와 뗏목들은 태풍에 떠밀려서 선착장 위로 올라와 있는가 하면, 배 몇 척은 옆으로 기울어져 있다.

 필시 우리 축양장도 큰 파도에 휩쓸려 엄청난 피해가 생겼을 것이지만 발만 동동거릴 수밖에 없다. 아직도 파도가 거세거니와 칠흑 같은 밤에 그곳으로 간들 무엇 하겠는가.

 남편은 태풍이 온다는 일기예보를 듣고 피해를 줄이기 위해 최대한 노력을 했다. 큰 닻을 사서 바다 밑에 넣고 튼실하게 닻줄을 잡아매고, 가두리 사이사이 연결 줄도 다시 확인해가며 땀을 흘렸다. 그렇게 만반에 준비를 했지만 천재지변(天災地變)의 위력 앞에서는 어찌할 수가 없었다.

 축양사업이란, 가두리 속에 그물을 넣고 그 안에 생선을 키우는 업(業)이다. 어린 치어를 넣어 몇 년씩 키워 성어가 되면 유통시키는 것이다. 그러기에 적조나 태풍이 온다고 한들 그 많은 고기떼들을 어디로 옮길 수가 없는 노릇이다.

 큰 손실을 감지한 우리는 누가 먼저랄 것도 없이 손을 꼭 잡았다. 남편의 손에서는 끈끈하게 땀이 배어 나왔다.

 "여보! 너무 걱정하지 마세요. 이만큼 누리고 사는 것도 큰 축복이고 행복이지 않겠어요. 우리 가족 모두 별 탈 없음을 다행으로 여기고 힘내요."

 이 말은 남편을 위로하는 말이 아니었고, 여태껏 고생하며 살아

온 스스로에게 위로 해주고픈 말이었다.

 하늘, 바다, 작은 섬들이 소금기를 머금고 온통 뿌연 회색빛으로 무겁게 내려앉았다.
 바닷물에 대충대충 설거지를 해놓고 하늘을 보았다. 언제 태풍이 지나갔느냐는 식으로 바람 한 점 없다. 하늘과 맞닿은 바닷물빛도 우리들이 흘린 땀과 눈물을 아는지 우중충했다.
 '매미'라는 작은 곤충이름으로 우리나라 전역을 휩쓸고 간 위력은 가히 상상을 넘어 폭격을 맞은 듯이 황폐해졌다. 하늘과 바다만 바라보고 열심히 살아온 우리들의 터전이 하루아침에 엉망으로 뒤엉켜 그야말로 쑥대밭으로 변하였다. 앞으로 또 이런 일이 생길까봐 두려웠다.
 이번 태풍은 재해가 아니라 큰 재앙이라는 생각이 들 정도로 바닷가를 휩쓸고 지나갔다.
 태풍이 지나간 지 3일째, 해야 할 일이 너무 많다. 비바람에 떠밀려온 온갖 쓰레기며 양어장 집기들이 바다 위에 둥둥 떠다니고 있다. 찢어진 그물과 부서진 뗏목들을 끄집어 올려야 하고, 또 파도에 휩쓸려 나간 우럭이나 도미들을 잡을 수 있는 데까지 잡아 가두어야 한다. 할 일은 태산 같은데 모두들 무기력에 빠져 꼼짝하지 못하고, 부서진 가두리 위에 앉아 출렁이는 바다만 무심하게 바라볼 뿐이다.

'태풍피해가 많은 곳은 재해특별지역으로 선포한다'고 나라님께서 부산, 경남 지방을 순시하고 발표를 했다지만, 손실한 보상 같은 것은 훗날 시간이 지나서 해결할 일이고 지금은 눈에 보이는 대로 복구할 수 있는 일손이 필요했다. 팔 걷어붙이고 더불어 살아가는 사랑과 협동하는 마음들이 필요한 때이지만, 내 일이 아니라서 모두들 무심한 것을 누구 탓하겠는가.

아침 신문을 보니 태풍의 피해가 엄청났다는 기사들로 가득 채워져 있었다. '강원도 어디에는 낚시 동호회에서 단체로 나와 태풍 피해가 많은 양어장 고기들을 잡아 되돌려 주었다'는 마음을 훈훈하게 하는 기사도 많았다.

가슴이 따뜻하고 정이 많은 사람들이 있는가 하면, '불난 집에 풀무질 한다'는 속담처럼 선착장에서 어민들의 눈물과 한숨을 건져 가는 사람들도 있다. 어떤 가족들은 가을 소풍 온 것처럼 방파제 위에 발 디딜 틈 없이 자가용을 세워놓고, 잡은 생선을 굽는 냄새를 풍기며 아이들과 즐겁게 웃고 떠들었다.

삶의 터전을 하룻밤 사이 잃어버리고 너, 나 모두 고달프고 힘들게 하루를 30시간으로 쪼개면서 지내고 있는 우리들 아닌가 말이다. 마른 장작 타듯이 타닥타닥 소리 내며 타들어 가는 가슴을 안고 간신히 버티고 있는 터에, 작은 배를 타고 한가롭게 낚시를 즐기는 사람들 머릿속은 무엇이 들었단 말인가. 힘들어 하는 이웃을 한 번쯤 내 형제나 부모로 생각했더라면 저런 야속한 행동은 못할 텐데.

잿빛 바다 위에 어수선하게 떠돌아다니는 쓰레기와 부표 부스러기 걷어내듯이, 긴 족대를 들고 가서 휘몰아 쫓아버리고 싶은 사람들이다. 아무리 자기 위주로 세상을 산다고들 하지만, 삶의 터전을 잃고 시름에 잠겨 있는 이웃들을 배려하는 마음들이 없어도 너무 없었다.

살면서 내가 즐거울 때, 또 다른 이웃들은 눈물 흘리며 힘들 수도 있다는 사실을 헤아려준다면 얼마나 가치 있을까. 이번 태풍을 겪으면서 잃은 것도 많지만, 또 한편으로 사람의 도리를 다 하고 살아야 한다는 것을 배우게 했다. (2003)

하얀 연가

 바람이 분다. 긴 겨울을 이겨내는 하얀 목련이 여인의 분첩 같은 향기를 풍기며 소담스럽다. 인내력과 참을성을 겸비한 현숙하고 조용한 여인을 닮은 꽃이 하늘을 향해 흐드러지게 피었다.
 3월이면 어김없이 찾아오는 혹한(酷寒) 때문에 여린 꽃잎 채 피우지도 못한 채 시들어 버리더니, 올해는 큰 꽃잎을 흔들며 내 마음을 유혹한다. 귓불을 어루만지듯 촉촉한 바람결에 이끌려 꽃나무 밑에 자리를 잡았다. 따사로운 볕살과 신선한 공기의 축복을 누군가에게 나눠주고 싶은 마음으로 꽃잎 위에 글을 쓴다.
 '내 안에 네가 있어 참 좋다. 난 정말 행복해! 지금 이순간만은 너만 생각할거야!'
 밤이슬처럼 는개비가 소리 없이 내 안으로 다가오는 그리움. 바람에 톡 떨어지는 꽃잎 몇 장을 주웠다. 하얀 편지지 대신 꽃잎 위에 글 한 줄 써내려가다가 잠시 그리움의 대상을 찾는다.

 소나기 한 줄금 내린 보리밭 위로 일곱 색의 무지개 끝을 잡기 위해 땀을 흘리며 뛰던 빛 고운 유년 시절을 떠올려 본다. 푸릇한 파도가 끝없이 일렁이던 보리 이랑에서 깜부기 하나 뽑아 서로의 얼굴에 수염을 그리며 깔깔거리던 동무들에게 꽃편지를 띄울까.

 버드나무 아래서 발가락 하나 떨어져 나가는 슬픔을 보릿대 꺾어 불며 달래던 문둥이 시인처럼, 삘-릴리 보리피리 불어주며 우리와 같이 뛰지 못하는 슬픔을 삭이던 곱사등이 식이도 생각난다. 하얀 해오라기 떼가 무리지어 날 때면 '황새야! 황새야! 너그 집에 불났다. 너그 새끼 다 죽고 꼬랑지만 남았다.'라며 놀려대던 아이한테 이 글을 보낼까. 아니면 내 마음이 공허하다고 엄살 섞어 말할 때 잇몸을 살짝 드러내며 웃어주던 옥이에게 보내볼까.

 지나가버린 시간 속에 숨어 있는 잔잔한 기억들이 꽃잎 위에서 나풀거린다. 펜이 지나간 자리에 하얗게 꽃가루가 벗겨지면서 흉터처럼 투명한 글자들이 새겨진다.

 아슴아슴하게 멀어져 간 그리움이 출렁거린다. 그리움….

 언젠가 보았던 단편 영화 한 장면이 생각난다. 가난한 부모들이 일하러 나가면서 밖으로 나올 수 없도록 문 잠금을 한 방안에 갇혀, 어린 동생과 반짇고리 놀이를 하며 눈물 글썽거리던 소녀. 커다란 가위로 허공을 자르면서 창틈으로 스며들어오는 햇살을 무심한 듯 바라보던(햇살 자르는 아이)처럼, 나도 그렇게 하늘을 올려다보며 가위 대신 펜을 잡고 놀이에 빠져본다.

꺼뭇한 어둠 헤집고 꿈을 밀어 올리듯이 마음 안에 막연한 빛으로 피어나는 꽃. 어느 순간 내 마음을 감싸오는 수줍음으로 내 주변을 맴돌다 가는 안타깝고 애틋한 인연들이 생각나게 하는 꽃이다.

한줄기 바람결 따라 성숙한 살냄새와 향긋한 분냄새가 코끝을 스친다. 초연의 슬픔을 감추니 가슴 안에 후욱하게 짙은 화심(花心)이 번진다.

>가슴에 묻은 숱한 말들
>백목련 꽃잎에 적어
>당신께 보내려고 했소
>
>마음 전하지도 못했는데
>이별 재촉하는 바람 불어
>뜰에 가득 내린 꽃잎들
>
>봄볕 다하고 꽃 지는데
>아쉬운 그 사연 여기서 접고
>오늘도 속절없이 눈을 감았소.

「하얀 연가」라는 제목을 붙여 글 한 줄 쓴다.

달디단 이 마음을 꽃편지로 적어도 지금은 누구에게 전할 곳이 없다. 책갈피에 고이 접어두었다가 따뜻한 햇살 한 줌 전해 주고픈 이가 생기면 그때 띄워 보내리라. 가슴 빈자리에 목련꽃 한 그루 심는 누군가 있으면 그때 같이 동행하리라. (2007)

떠나가는 배

봄이 오는 시간 속으로 초대합니다.
저희 두 사람 청실홍실 두 가닥 실로 예쁜 매듭을 만들렵니다.
남의 손 빌리지 않고 우리 몸으로 엮고 또 엮어서 이 세상에서 가장 아름답고 튼실한 매듭으로 살겠습니다. 축하해주십시오.

손수 그린 그림 하나를 넣고, 하객을 초청하는 글을 쓰던 때가 어제일 같은데 아들 내외가 신혼여행지에서 돌아왔다. 남자만 셋이던 집에 며늘애가 있으니 분위기는 화기애애하고 사람 사는 집 같았다.
"아버님! 어머님!" 하고 생글 생글 웃으며 애교 섞인 목소리로 부르니 남편은 연신 싱글벙글 좋아했다. 자식은 결혼과 동시에 빼앗긴다고 했는데 우리한테는 덤으로 예쁜 딸 하나가 생겼다.

오늘 그들이 살아야 하는 보금자리로 가기 위해 현관문을 나서는 모습을 보니 만감이 교차하며 콧등이 찡해졌다. 떠나보낼 준비를 나름대로 했는데 마음은 생각만큼 따라주지 않았다.

인생이란 바다 위에 배를 띄워놓고 돛을 올려 항해를 시작하려는 아이들. 항구를 떠나간 배는 언젠가 또 다른 항구에 도착하겠지. 미래를 향해 약속의 땅으로 출발해가는 길에 예상하지 못한 폭풍우도 만나겠지만 지혜롭게 헤쳐가기를, 또 훗날 잘 견뎌왔노라고 스스로에게 칭찬할 수 있기를 빌었다.

"부모는 자식들이 살아갈 수 있게 자양분을 주는 거름 한 줌이라오. 우리 품을 떠나는 건 자연의 순리이니 너무 섭섭하게 생각하지 마시구려."

남편은 내 손을 잡아주며 위로하지만, 그도 역시 섭섭한 얼굴로 떠나는 아이들 차가 보이지 않을 때까지 서 있는 것이다.

삼십여 년 전, 친정어머니의 심정도 이랬을까? 낯선 통영 땅으로, 그것도 넉넉하지 않는 어촌으로 시집보내면서 얼마나 마음이 아프셨을까. 자식을 낳아서 시집장가 보내봐야 부모심정 이해한다더니 옛말 하나도 틀린 것이 없다.

"서로에게 편안한 존재가 되기 위해 노력하여라. 길들이려거나 자기합리화 하지도 말고, 상대방을 무시하는 말도 하지 말거라. 자신을 위해 배려하고 산다면 서로의 마음이 행복해지고 편안해질 것이다. 부부가 싸울 때도 있지만 하루해가 지기 전에 화해하려고 노력하며 살아야 한다."

수십 년 세월 건너 어머니가 내 손을 잡고 당부하셨듯이, 나도 아들과 며늘애의 손을 잡고 시간이 멈춰버린 그때처럼 말하고 있었다.

또 서로에게 행복과 휴식을 선물할 수 있는 그런 사람들이 되어 달라고 당부했다.

"앞날에 어떤 고난과 어려운 일들이 생겨도 잘살겠습니다."

잘 이겨내겠다는 약속을 하면서 내 손을 잡아주던 아이들과 헤어졌다.

만남과 헤어짐이 사람 살아가는 과정이고 순리인 줄은 알지만, 손바닥 안에 꼭 잡고 있던 귀한 물건을 하나둘씩 잊어버린 것처럼 섭섭한 기분이 들어서 창을 열고 청소를 시작했다.

창으로 들어오는 햇살처럼 환하게 웃으며 떠나던 아들과 며느리의 눈웃음이 눈에 어른거린다.

자식은 떠나가는 배, 언제가 내 품 밖으로 멀리 떠나가야 할 배다. 그들의 앞날에 축복이 있기를 마음으로 빌면서 마루를 닦았다.

漫畵鏡(만화경) 속 사람

  동인지에 실려 있는 어느 여류작가의 수필을 읽으면서 혼자 웃는다. 오래전 스쳐지나간 나만의 추억이 생각나서다.

  『수필문학』에서 신인상을 받던 그해 가을이었다. 창가로 어스름이 길게 내려앉은 초저녁이었다. 가족이 다 출타한 빈 공간에서 울려 퍼지는 전화벨 소리가 벗을 만난 듯이 반가워 얼른 전화기를 들었다. 수화기를 타고 흘러나오는 어눌한 남자의 목소리다. 누굴까? 그 사람은 자신의 신분을 밝힌 다음 내 이름을 확인하더니, 등단작품인 「세상을 살다보면」을 잘 읽었다는 말을 하기 위해 무례함을 무릅쓰고 전화를 했다는 것이다.
  미국 ○○주에서 거주하고 있다는 낯선 이의 전화에 밤이 이슥하도록 잠이 오지 않았다. 풀벌레들 소리가 이슬처럼 내려앉은 마당으로 나가 하늘을 보았다. 그날따라 밤하늘의 별들이 얼마나 빛나던지, 마치 신데렐라가 된 것처럼 황홀하면서도 야릇한 행복감에 빠져들었다.

문학이란 세상에 첫발을 내디딘 내 글을 읽고 감동을 받았다며, 이국(異國)땅에서 전화를 해왔는데 어찌 즐겁지 않겠는가. 며칠 후, 서툰 한글로 편지를 보내왔었다. 내 무료한 삶에 의미를 두었고 글을 쓰는 것을 자축(自祝)까지 하면서 즐거움 속에 빠져 덤벙거렸다.

그런 날들이 두 달 정도 지난 어느 날, 영문 소인이 찍힌 소포 하나가 배달돼 왔었다. 나는 우쭐해진 기분으로 남편과 아들이 보는 앞에서 포장을 벗겼다.

'지금 우리 나이에는 꼭 섭취해야 합니다.'라는 짧은 메모지 한 장과 칼슘제와 비타민이 들어있었다. 신바람이 나서 콧노래를 흥얼거리는 내 모습을 보던 남편이 떨떠름한 표정으로 한마디 던졌다.

"너그 엄마 허파에 바람이 단단히 들었다."

남편의 표현처럼 헬륨가스 가득 든 풍선처럼, 마흔여덟 살에 다가온 낯선 바람 한줄기에 도취되어 구름인지 구릉인지 분간도 못하고 즐거워만 했으니 말이다.

그때의 내 모습은 아마도 선로를 조금씩 이탈하는 기차처럼 내 자리를 벗어나고 있었는지도 모른다. 잠시 지나가는 바람인 줄 남편은 알았을까? 당신한테는 아무 일도 아닌 듯이 무관심한 척하면서도 뒷모습이 쓸쓸해 보여 마음이 걸렸다.

허공을 바라보던 시선은 다시 제자리를 찾게 되고, 마음에 빗장을 잠그고부터는 편지와 전화가 뜸해졌고 그렇게 잊혀져갔다.

몇 년 지난 후였다. 화우(畵友)들이 모여 그림전시를 마치고 화기애애한 저녁식사를 하던 자리였었다.

"내 그림을 보고 감명 받았다면서 미국에서 어떤 남자분이 전화를 했어요. 전 지금 너무 행복해요."

앳된 화우가 입가에 웃음을 달고 자랑을 늘어놓는 게 아닌가. 한참 말을 듣는 순간 그때 그 사람이었다.

뒤늦게 알고 보니 화우뿐만 아니고, 주변에 잘 지내는 지인(知人)과도 연락을 하고 있었다. 만화경 속에 현란한 허상을 보는 것 같았다.

그 사람은 어릴 적 미국으로 이민을 갔으며 이국 생활을 오래 하다 보니 '사람이 그립고 고향이 그리워서 외로울 때마다 편지를 쓴다.'고 했었다. 오죽 외로웠으면 이 사람 저 사람한테 편지를 보내 친구하려고 했을까? 조금은 이해가 되었지만 쉬 용납도 되지 않았다. 문단(文壇)이나 화단(畵壇)에 첫발을 내디디는 여성들에게 전화와 편지로 마음을 현혹시키는 만화경 속에 사람이라는 생각이 들었기 때문이다. 만화경을 돌려보면 형형색색으로 아름답게 보이지만, 막상 그 실체를 들여다보면 보잘것없는 색종이 부스러기라서 실망을 하게 되는 것처럼 말이다.

  수 년 전의 내 순수했던 시간 속에 불편한 기억 한 토막을 고백하는 것은, 모두가 내 마음 같지 않다는 것이다.

  아직도 작업(?) 진행 중인 그 사람 소식을 동인의 글을 통해 보면서, 지나간 시간 속에 잠시 서성거렸던 바람 한 점을 보게 되었다.

  행복한 마음으로 글을 쓴 수필의 주인공에게 말을 할까. 고민을 하다가 그만 두기로 했다. 그녀의 가슴속에 파도처럼 일렁이는 즐거움을 깨트려 주고 싶지 않아서다.

  그녀의 상상 속 무도회장에서는 지금도 왈츠곡이 흘러나오고 있을 것이다. 무도회장의 화려한 조명과 음악이 끝나고 난 후, 쓸쓸한 자기 뒷모습을 보지 않기를 바랄 뿐이다. (2010)

중년의 매력

나를 반하게 하는 남자

며칠 전 풀벌레 소리에 이끌려 집을 나섰다. 그날따라 섬과 바다를 하나로 묶어주는 짙은 해무 사이로 아침볕뉘가 빗살처럼 쏟아져 내렸다. 능선에서 바라보는 바다 물빛은 유달리 곱고, 바람결에 묻어오는 풍경소리와 산새들의 노래가 청아하게 들렸다.

말복이 다음날이라 그런지 얼마 걷지 않았는데도 온몸에 땀이 촉촉하게 배었다. 해안선을 따라 워킹을 하고는 아파트 담장 밑을 지나치다가 한 남자에게 눈길이 갔다. 소매 긴 와이셔츠를 입고 있는 그 사람은, 상기된 얼굴로 담장 아래 작은 꽃밭에 웃자란 잡초를 뽑아내고 있었다.

사람의 매력은 눈을 즐겁게 하고 미덕은 영혼을 사로잡는다고

했던가. 눈을 즐겁게 하고 영혼을 맑게 하는 남자를 한참 쳐다보다가 집으로 돌아왔다. 나도 누군가를 위해 몸 봉사를 해볼 요량으로 현관에 있던 빗자루와 쓰레받기를 들고 나가 주차장 앞까지 비질을 했다. 허리는 뻐근한데도 몸은 날아갈 듯 가벼웠다.

나는 부끄럽게도 아파트로 옮기고 나서 위 아래층에 누가 사는지, 무엇을 하는 사람들이 살고 있는지 모른 채 살고 있다. 구태여 알려고 하지 않는다는 말이 더 맞을 것이다. 하여 엘리베이터에서 이웃을 만나면 눈인사를 살짝 할 때도 있지만, 얼굴이 낯설다는 이유로 슬쩍 외면해버리기도 했다. 내 한 몸 편하면 그뿐이라는 개인주의와 남을 의식하지 않으려는 이기심인 것이다.

그러기에 낮은 자세로 앉아 풀을 뽑는 남자를 보는 순간 신선한 충격을 받았다. 그가 젊은이가 아니라 머리가 희끗희끗한 중년이라는 사실에 더 매력을 느꼈다고나 할까. 나 역시도 내가 아무리 우겨도 머리에 염색을 하고 돋보기를 써야하는 중년이 아닌가.

중년도 얼마든지 아름다울 수 있고 매력을 줄 수 있다는 자신감을 심어준, 이름도 성도 모르는 그 남자에게 반할 수밖에 없었다.

내가 반한 남자

수년 동안 시행착오를 겪으면서도 오뚝이처럼 일어선 남자. 고달프고 힘들었던 일마저 삶을 지탱해주는 밑거름이라 여기는 그에게서 오늘따라 청년 같은 싱그러움이 묻어난다.

그는 '내 자신을 사랑하고 성실하게 일할 수 있는 삶이 행복이다.'는 부사어를 삶의 지표로 삼고 있는 남자다. 그런 열정이 있고 남들이 그를 신뢰하고 있기에 내가 반한 것인지 모른다.

그의 첫인상은 힘든 일을 못할 것 같은 백면서생으로 보인다. 그러나 그는 갯 비린내 나는 가두리 양식장에서 머슴처럼 일을 잘한다. 손바닥에 옹이처럼 박혀있는 굳은살과 목에 두른 수건에서 시큼하게 배어 나오는 땀냄새마저 그를 멋진 남자로 보이게 한다면 남들은 웃을까?

나이만큼, 세월만큼 훈장처럼 군살이 붙은 그에게 냉동실에 얼린 물수건을 건네주며 "당신의 성실한 모습에 내가 반했답니다."라고 닭살 돋는 애교도 던져주고 싶지만 마음뿐, 말 한 번 제대로 못하고 눈웃음을 웃을 뿐이다.

"훠이훠이" 오늘도 그는 덤벙덤벙 큰 날개를 물에 적시며 치어를 물고 가는 왜가리 떼를 소리 질러 쫓아낸다. 대나무로 만든 장대를 들고 가두리 위를 걸어가는 모습이 좋아 멀찌감치 서서 오랫동안 훔쳐본다.

그도 어느새 나이 쉰을 넘겼다. 지치지 않는 성실함으로 주어진 삶에 만족하는 것을 보면서 난 정말 행복한 여자란 걸 매번 느낀다. 남들은 인상이 차갑게 보인다고들 하지만, 외롭고 고단한 사람들을 위해 선뜻 자기 몫을 나누어줄 때의 그 정감 있는 눈빛에 어찌 반하지 않으랴. 내 일생을 맡겨도 부족함이 없는, 아니 내게 정말 과분한 사람이다.
'당신이 내 남편이라서 정말 자랑스러워요.'
젊었을 때는 미처 몰랐던 남편의 매력에 푹 빠져들고 있다. 남편 역시 나의 어떤 매력에 빠져들 수 있게 내면을 더욱더 가꾸어야 하리라. 중년의 매력은 연륜이 쌓여야만 우러나오는 것임을 알겠기에 오늘도 쉼 없이 노력을 하게 된다. (2005)

물보다 진한 것

 모처럼 새벽시장에 갔다. 전날 술을 마신 남편의 해장국거리를 사기 위해서였다. 입동이라 그런지 새벽 찬바람이 옷깃을 세우게 했다.
 낚시꾼들이 낚아서 파는 뒷골목에는 싱싱한 생선이 있을 것 같아서 골목 안으로 접어들었다. 빨간 고무통 주변으로 사람들이 몰려서서 흥정을 하고 있었다. 기웃이 넘겨보다가 볼락어를 팔고 있는 아랫동서와 눈이 마주쳤다. 그녀와 나, 둘 다 당황하며 어색한 웃음을 웃었다.
 오랫동안 마음의 문을 닫고 지내온 사이인지라 아차! 싶었지만, 그 자리에서 어떤 행동도 할 수가 없었다. 그냥 씩 웃고는 돌아섰다. 몇 발짝 내딛기도 전에 그녀가 나를 불러 세웠다.

"형님! 뭘 사실건지 모르지만 이것 가지고 가서 아주버님 얼큰하게 매운탕이라도 끓여드리세요."

마다하며 손사래 치는 내 손에 검은 비닐봉지 하나 기어이 쥐어 주었다. 지나친 거절과 사양은 모처럼 주어진 화해의 기회를 놓칠 것만 같아 받아들었다.

되돌아가는 동서를 쳐다보니 양말도 신지 않고 고무슬리퍼를 끌고 있었다. 얼어서 발개진 발뒤꿈치가 내 앞가슴에 와 닿는 추위보다 더 추워 보였다.

형제지간에 골 깊은 사연을 알고 있는 길거리 찻집 아줌마에게 생강차 한 잔을 부탁했다. 그녀는 "동서끼리 그렇게 지내니 참 보기가 좋다."며 의미 있는 말과 함께 차를 건네주었다.

이럴 때는 어떤 말이 필요하고 뭐라고 대답을 해야 할지, 순간이나마 망설이는 자신이 부끄러웠다. 입 아프게 말 하지 않아도 시간이 지나면 진실이 밝혀진다는데… . 그때는 참 젊었던 모양이다. 옳고 그름을 밝히려고 기를 빼며 악다구니를 했으니 말이다.

육체적 아픔은 의학으로 치료할 수 있지만 영혼까지 곪게 하는 정신적인 아픔은 세월이 흘러야만 치유되는 것. 시간이란 좋은 의사를 만나면 생채기의 흔적은 남지만, 못 견딜 만큼 아파했던 기억들은 사그라지고 잊혀지는 것을 몇 번 경험했었다. 그래서 세월을 약이라고 하는가 싶다.

20여 년 전, 빈손으로 바다사업을 시작할 때부터 수고와 노력을 아끼지 않던 막내 시동생 부부였다. 한 번 마음 맞춰 잘 살아보자는 믿음과 확신으로 숱한 시행착오도 잘 견뎌주었다. 그러던 어느 날 '내 사업 한 번 해보겠다.'는 말 한마디 남기고 시동생은 훌쩍 떠나가 버렸다. 우리가 제일 힘든 시기였기에 실망과 배신감은 몇 겹겹으로 쌓여만 갔다.

 친동기간처럼 허물없이 지내던 우리였는데 그 숱한 시간을 무 자르듯 하는 동서가 얄미웠다. 싸늘하게 변해버린 동서와 나는 누구의 잘잘못을 따지려고 하지도 않았고, 형제들이 화해를 종용했지만 한 번 닫힌 문은 쉽게 열리지 않았다. 한 동네에 살면서도 애써 눈길 피하던 침묵의 긴 시간들이었다.

 동서는 물 위에 기름 겉돌 듯 형제들의 모임에도, 부모님 기일에도 참석치 않았다. 그러니 혼자서 얼마나 외로웠을까. 그런 동서였기에 오늘 아침 가까이 다가오는 모습을 보니 가슴이 저몄다. 윗사람답게 조금 일찍 보듬어 줬더라면 좋았을 것을. 내 잘못이 아니라는 변명 같지 않는 이유로 지독하게 무관심했던 10여 년.

 십년이 지난 시간 속에 갇혀 집으로 오는데, 검은 봉지 속에서 타닥거리는 볼락어가 손끝에서 무겁게 전해져 왔다.

 그녀가 건네준 생선 몇 마리 때문만은 아니다. 내 살아생전에는 정말 용서하지 않으리란 독한 마음이, 자신도 모르는 사이 풀려

있었던가 보다. 남이라면 평생 지울 수없는 상처겠지만, 피를 나눈 형제와 살고 있기에 어느 순간 그녀를 받아들이고픈 마음이, 아니 가슴 안에 무거운 돌 하나 내려놓고 싶었는지 모른다.

  차 한 잔으로 그녀의 마음속에 자리한 외로움들이 풀어지기야 하겠는가만 오늘 일을 계기삼아 얽히고설킨 고리를 풀어보아야겠다. 마주보고 사랑하며 살아도 짧은 인생 아닌가. 지난날 동서지간 우애 좋다며 이웃들의 부러워하던 그 시절로 되돌아갈 수는 없겠지만, 앞으로 사는 동안이라도 마음 상하지 않기를 기도해 보는 아침이다.

  피는 물보다 진하지 않는가. (2005)

빈 광주리 옆에 끼고

 가을 햇살이 눈부신 요즘에 결혼식장 갈 일이 많아진다. 두 손을 꼭 잡은 신랑신부의 예쁜 모습은 참 보기가 좋다. 내게도 한때 저런 모습이 있었지 생각하며 웃을 때가 있다.
 그날도 집안의 결혼식이 있어 규모가 제법 큰 예식장에 갔다. 길일이라 그런지 혼례식이 많아 인산인해였다. 청첩장에 적혀있는 3층의 홀을 찾아 들어서는데, 진주가 주렁주렁 달린 웨딩드레스를 입은 신부가 눈물을 흘리며 뛰쳐나오는 게 아닌가. 오늘의 주인공인 신부는 당연히 행복에 겨운 환한 표정이어야 하는데 눈물 바람이라니, 뭔가 복잡하고 아픈 사연이 있는 게 분명했다.
 사람들이 쉬쉬하며 쑥덕거리는 말을 들어보니 혼수품으로 마음을 다친 일이었다. 신랑은 부잣집 외동아들이란다. 그런데 신부 집에서 시댁으로 보낸 혼수품이 빈약하다는 이유로 시어머니가 예식장에 참석하지 않았다고 한다.

'하늘의 새로 태어나면 비익조가 되고 나무로 태어나면 연리지가 되리니' 깊은 사랑을 노래한 옛 시가 있듯이, 결혼은 서로가 서로를 원하고 사랑하는 마음에서 이루어지는 것이다. 행복한 가정을 꾸려가는 조건이 물질이 아닌 서로를 믿고 사랑하는 마음이라는 걸 잘 알고 있을 텐데, 혼수품 문제로 눈살을 찌푸리는 행동을 보였다는 말을 듣고 보니 안타까운 마음이 들었다.

하객들이 많이 참석한 그 자리에서 꼭 그렇게 행동을 보여야 했을까. 시어머니는 내 자식을 위해서, 또 며느리 되는 그녀는 시어머니의 자식을 사랑했으니 30분만 참았더라면 좋은 날 더 좋았을 텐데…. 측은지심으로 시모녀(媤母女) 지간의 지혜롭지 못한 뒷모습을 볼 수 있었다.

남남이 만나 부부로서 첫출발하는 신성한 장소가 예식장인데, 가끔 물물교환이 성립되는 곳이라는 느낌이 들 때면 입안이 까칠해진다.

결혼만 하면 행복이 절로 시작되는 줄 알던 젊은 시절이 있었던 시어머니였을 것이다. 결혼은 물질이 아니고 노력과 믿음으로 많은 시간과 아픔들이 빚어내는 오묘함에서 오는 행복이란 걸 며느리에게 알려줄 수는 없었을까. 그리고 며느리 들이는 것을 혼수품으로 보지 말고, 예쁜 딸 하나를 얻는다는 기쁨으로 맞이하면 안 되었던 것일까. 남의 집 혼사에 일어난 안타까운 사연을 듣자 나도 모르게 30년 전의 일이 생각났다.

어느 여름 날, 시동생이 결혼하여 사돈댁에서 보내온 혼수품이 마당 가득 들어왔을 때다. 제대로 갖추지 못했던 내 혼수를 떠올리곤 큰아이를 안고 부뚜막에 앉아있었다.
"아가야! 빈 광주리 옆에 끼고 와도 복 있으면 잘 산단다. 네가 결혼할 그때는 제일 중요한 혼수품이 바로 너였단다."며 등을 토닥거려주셨다. 빛바랜 결혼 상자를 꺼내 놓고 보니 곳곳에 스며있었던 보석들이 와르르 쏟아져 나왔다. 그 가운데 가장 빛나던 보석은 바로 시어머니의 말씀이었다.
마주 보는 사람과 가까이만 있어도 행복이 샘솟을 것 같았던 결혼. 완전한 사랑은 아니었지만 가정이라는 울타리를 만들고 열심히 살아보자고 다짐을 했었다. 가진 것은 없었지만 희망이란 꽃씨 하나 뿌려놓고 지문이 닳도록 물주기를 게을리 하지 않았다. 그런 내 곁에는 시부모님이 늘 계셨고, 고단한 삶에 지치고 힘들 때 살아갈 수 있는 힘과 용기를 주셨다. 남편에게 향한 미운정이 싹틀 때면 먼저 당신의 자식을 나무라며 입가에 웃음 머금는 지혜를 주셨고, 청량제처럼 가슴 밑바닥까지 싸한 신선함이 어떤 거라는 걸 가르쳐주셨다.

 이승을 떠나신 지 몇 십 년이 지난 지금까지 시어머님께서 주신 교훈과 사랑은 내 곁을 떠나지 않고 한 번씩 생각하게 한다.

 머잖아 나도 며느리를 보게 될 것이다. 시어머니가 주신 사랑을 대물림 해주리라 다짐하며, 예식장에서 본 안타까운 사연과 옛 기억들이 대비되어 마음이 무거웠다.

 결혼은 물건을 주고받는 물물교환이 아니고 사랑과 믿음을 주는 인간관계라는 것을 다시 느끼며 돌아오던 날이었다. (2007)

빨간 마후라

텔레비전을 봐가면서 다림질을 하는 한가한 오후다. 구겨졌던 옷들이 말끔히 펴지는 것을 보며 부지런히 손놀림을 하는데, 방영되던 프로가 중단되더니 '1분 뉴스 특보'라는 자막이 떴다. 또 무슨 일인가 궁금하여 다림질을 중단하고 TV를 보다가 깜짝 놀랐다.

훈련 중인 전투기가 바다로 추락했다는 놀라운 뉴스였다. 용수철 튕기듯 일어나 전화번호를 눌렀다.

"엄마! 저녁에 전화 드릴게요."

아들은 목소리를 낮추어 한마디 하고는 급하게 끊어 버렸다. 놀란 마음을 진정시키려고 국화차 한 잔을 들고 마당으로 나갔다. 길게 내려앉은 볕살은 나무그늘을 만들고 있었다. 참 밝고 환한 날씨인데 어쩌다 사고가 났을까.

어미의 욕심인가. 내 아들 무사함에 감사하며 전투기에 탄 조종사 모두 무사 귀환하기를 기도했다.

자식이 조종사이기에 이런 뉴스가 나오면 신경이 곤두서게 된다. 작년 이맘때쯤에도 아들과 전화 연락이 빨리 안 된 탓으로, 놀란 마음 진정시키지 못하고 허둥거렸던 적이 있었다.

공군 전투기 한 대가 야간훈련 도중에 서해바다로 추락하여 전투기와 조종사 두 사람을 모두 잃은 사고였었다. 비행기의 결함인지 조종사들의 실수인지는 확실하지 않았다. 무엇이 잘못되었는지는 모르겠지만 국가적으로 손실이 컸다고 했다. 어떤 이유로든지 급작스런 사고로 생목숨을 잃은 젊은 청년들이 아까웠고, 자식을 잃고 힘들게 지낼 부모의 안타까운 마음을 헤아릴 수 있었다.

작은아들은 비행훈련을 같이 받았던 친구라면서 한참 동안 우울해 했다. 긴장감으로 입안이 터지고 피가 거꾸로 쏟아지는 고된 훈련에, 서로 위로하였다는 말을 듣고는 하늘을 나는 조종사의 길이 얼마나 고된지 알게 되었다.

나는 그때 신문기사를 통해 전투기 한 대에 몇 백억 원이라는 돈이 들어간다는 것과 조종사 한 명 키우는데 몇 십억 원이 든다는 것을 알았다. 또 다른 뉴스에서는 항공기 정비에 써야 할 예산을 다른 용도로 쓴 비리가 드러나기도 했다. 나라에서 지원하는 장비 유지 예산 부족으로 가동률이 떨어지기도 하고, 기체가 몇 십 년이 된 탓으

빨간 마후라 · 97

로 불시의 사고가 종종 있을 수 있다는 것이 아닌가.

 최첨단 훈련을 받은 조종사들이 안전하게 비행을 할 수 있도록, 국방예산을 넉넉하게 책정하여 안전 불감증으로 생기는 소소한 사고들이 없기를 바랐다.

 7년 전의 일이다. 작은아들이 대학을 입학하고 두 달쯤 지나서였다. 느닷없이 '공군 조종 장학생모집 1차에서 3차까지 합격했습니다.'는 일방적인 통보를 하며 부모 동의서와 신원 보증서를 받기 위해 집으로 왔다.

 성격이 조용하던 아이였기에 남편과 나는 급구 반대를 했다. 세상을 편하게 살아가는 방법이 있는데 굳이 힘든 길을 찾아가려고 한다면서….

 아들은 유치원 다닐 때부터 '비행기 운전사'를 꿈꾸었다며 방안에서 꿈쩍하지 않고 고집을 피웠다. 자식 이기는 부모가 없다고 했던가. 결국 우리는 승낙을 해주었고, 아이는 대학 4년 동안 공군에서 주는 장학금으로 몸을 저당 잡히고 자기 관리를 했다.

 지난해 초여름 햇살 좋던 날, 06-1차 고등비행 수료식을 하는 공군○○부대를 찾아갔다. 연병장을 뜨겁게 달구는 우레 같은 박수와 군악대의 팡파르를 받으며 아들은 그리도 갈망하던 빨간 마후라를 목에 두르게 되었다.

조종사로 선발 되었을 당시에는 100여 명이던 학생들이 고된 훈련과정을 통과하지 못하여 30여 명 정도만 남았다고 했다. 또 열심히 노력한 대가로 아들은 좋은 성적을 받아 영광의 수훈 메달까지 목에 걸었다. 환하게 웃고 서 있는 장한 아들을 보면서 눈가를 훔쳐냈다.
　어미의 행복한 웃음과 눈물은 아이의 숱한 고통 위에 있었다. 수면 위에 우아한 자태로 앉아 있는 백조가 물밑으로 수천, 수만 번의 힘든 발길질을 하고 있다는 것을 모르는 채, 내 자식이라는 이유만으로 대견했고 자랑스러웠다.
　아들과 신경전을 했었던 그 시간 속에 갇혀있는데 전화벨이 요란하게 울렸다.
　"너그 아들 별일 없제?" 뉴스를 보고 안부가 궁금하여 전화해주는 이웃이 있음을 감사하며, 내 아들과 이 나라 안보를 짊어진 젊은이들 모두 구김살 없이 군생활을 할 수 있기를 빌었다. 또 자식을 군대에 보내놓고 부모들이 환하게 웃을 수 있기를 빌면서 다리미 잡은 손에 힘을 주었다.　　　　　　　　　　　　(2007)

서울광장

 네온사인 불빛만으로도 낭만을 만끽할 수 있는 서울의 밤거리. 남편과 팔짱을 끼고 바쁘게 스쳐가는 사람들을 보면서 종로 길을 따라 천천히 걸었다.
 서울시청 앞 광장(廣場), 찬란한 불빛을 따라 사람들이 광장의 잔디밭 주변으로 하나둘 모여 들었다. 시청 외벽은 신축건물 공사로 창문 하나 없이 막혔다. 대신 그 벽에는 대형 텔레비전이 설치되고, 아래는 큰 무대가 만들어져 무대 위에서 하는 공연을 그대로 화면을 통해 볼 수 있도록 되어있었다.
 무대가 잘 보이는 중간쯤, 외국 아가씨들 옆에 신문지를 깔고 자리를 잡았다. '비보이'들의 현란한 몸놀림과 젊은 무용수들이 풀어내는 여러 가지 춤사위로 앉아있던 우리들은 하나둘 박수를 치며 한마음이 되어갔다.

서울의 청년들은 잦은 시위 때문에 메마른 감성을 가지고 세상을 비딱하게 보는 줄만 알았는데 그게 아니었다. 전경들을 태우고 다니는 대형버스가 길가에 줄줄이 서 있어 음산하기까지 한 시청광장을 뜨겁게 달구고 있는 젊은이들 모습에서 우리의 미래가 어둡지만은 않다는 것을 볼 수 있었다.

'문화와 예술이 있는 서울'이란 슬로건처럼 춤과 노래가 어우러져 젊음을 발산하는 곳. 멋진 공연을 위해 온 정열을 쏟았을 공연자들과 그것을 바라보며 환호하던 구경꾼들을 하나로 만들었던 공연은 9시가 되자 모두 끝났다.

낭만을 즐기던 젊은이들과 시민들은 도심 속으로 사라져가고, 숙소로 들어가기엔 이른 것 같아 횡단보도를 건너 대한문 쪽으로 향했다.

'대한문(大韓門)' 앞에는 아직도 촛불시위를 하고 있었다. 현 정권을 비방하는 글과 검은 상복을 입고 전 대통령을 위한 노제(路祭)를 지내는 사람들, '금식 기도 6일째'라는 팻말을 앞에 놓고 퀭한 눈빛으로 앉아 있는 여자국회의원. 학생들을 앞세워 박수치며 정치이념을 주입시키려는 사람들. 다들 무슨 의미를 담아 어둠을 밝히고 저렇게 모여 있는 것일까.

큰 도로를 사이에 두고 두 개의 모습이 연출되고 있는 서울거리를 하룻저녁에 봤다. 낭만이 흐르는 광장에서는 젊음이 역동하는 미래를 보았고, 또 한쪽에서는 구호와 폭력이 난무하는 구태의연한 시위 현장을 본 것이다.

낮에 택시를 타고 가는데 한 국회위원이 삼보일배(三寶一杯)를 하고 있었다. 도심의 그 뜨거운 한낮에 과연 누굴 위해 금식기도를 하고, 또 누굴 위해 몸을 낮춰 땀을 흘리는 것일까. 갯가에 사는 아낙의 눈에는 생경스럽게만 보였다.

"저런 사람들이 국회에 있으니 나라꼴이 어떻게 되겠습니까?"

택시 기사의 말 속에 앞날을 염려하는 마음이 담겨 있었다. 북한에서는 미사일 공격 하겠노라 호시탐탐 위협하고 있는 이 시기에, 국민들 혈세를 낭비하는 어르신들을 보니 화가 치밀었다. 우리 모두 힘을 모아도 부족할 판에 자신들의 사상을 정당화하려는 단체들.

언제쯤이면 여야당, 좌·우 단체들의 싸움질이 사라질까. 늦은 시간까지 거리를 지키는 전경들의 축 처진 어깨를 보면서, 하루 속히 평정을 찾아 문화와 예술이 빛나는 서울이 되기를 기대하며 숙소로 향했다.

(2009)

3.
두 가닥 실로 엮은 그림

가깝고도 먼 사람

 능선마다 농익은 볕살이 내려앉아 우리를 반겼다. 누구의 간섭도 받지 않고 하루 만이라도 여행의 자유를 누리고 싶어 길 위에 섰다.
 젊은 연인처럼 한손은 어깨 위로 또 한 손은 허리를 감고 문경새재를 넘었다. 시간가는 줄 모르고 걷다보니 어느새 조령산의 높고 험한 산길로 접어들었다. 새도 날아서 넘기 힘들다는 고개, 과거급제의 큰 꿈을 꾸며 하늘재와 이우릿재 사이를 넘어 영남에서 한양으로 가던 옛사람의 흔적을 따라 고갯길을 걸었다.
 여행은 동반자가 있으면 좋고, 지난날을 회상하면서 자분자분한 목소리로 대화를 나눌 수 있으면 좋다. 가을 숲을 보며 '아! 좋다'라는 감탄이 절로 생기게 하는 그곳에서, 고단한 삶을 잠시 풀어

놓고 고른 숨 쉴 수 있으면 된다. 스스로를 되돌아보고 자신을 사랑하면서 반성할 수 있는 시간들이면 더 좋다.

시월의 짧은 하루가 산모퉁이 아래로 둥지를 틀 시각, 가을이 붉게 시작한 설악산에 도착했다.

실개천이 흐르는 숲길을 앞서거니 뒤서거니 걸었다. 억새의 은빛 물결과 저녁노을이 명경을 깔아 놓은 듯이 눈이 부신 산길을 걸으며, 젊은 시절에 사랑을 듬뿍 주지 못해 미안하단다. 그 말 한마디에 가슴 속에 뭉쳐있던 섭섭함은 아이스크림 녹듯이 녹아내렸다.

천년이란 긴 세월 동안 온갖 중생들을 지켜보았을 사찰에서 잠시 마음의 짐을 내려놓았다. 퍼렇게 이끼 낀 대통으로 졸졸 흘러내리는 돌확에 나뭇잎 하나 빙빙 돌고 있다. 우리네 살아온 인생길 위에 만들어진 나이테처럼 동그란 지문을 만들며 쉬지 않고 돌아간다.

"우리 결혼하고 둘만의 여행은 첨이지요?"

조롱박 바가지로 물 한 모금 떠주면서 묻는다. 사랑한다. 좋아한다. 말 한 적 없이 무디게 앞만 보고 살아온 남편이다. 30년이란 긴 시간을 같이 한, 세상에서 제일 가깝고 먼 남자 옆에서 무엇을 또 확인 하고 싶어 자존심 헤집는 말을 하는지….

부부란 남남이 만나 하나에서 둘을 만들며 살아가는 것이라 했다. 그러나 결혼이라는 약속은 벗어버릴 수 없는 족쇄이면서 평생을 풀어가야 하는 숙제이다. 사랑이라는 이름으로 서로에게 집착하고, 관심이라는 이유를 내세워 서로를 구속하려고 했었다. 하나에서 열까지 영역을 침범하려는 자기 고집 속에서 방황한 적이 어디 한두 번이었던가.

내 실체를 찾기 위해 전쟁 아닌 전쟁을 치러야 했던 남자, 다시는 안 볼 것처럼 이혼을 수없이 생각하고 미워하던 남자다. 그러면서도 한 이불을 덮고 남들 보기 좋게 소우주를 만들어내는 능력자이기도 하다. 고단한 세파를 함께 헤쳐 온 남자이면서 어깨를 부딪치며 여기까지 잘 견뎌온 것은, 내 삶의 원동력인 아이들의 아버지이기 때문인지도 모른다.

아집에 갇혀 잘잘못을 혼자 결정하고 독단적이던 젊음의 흔적은 어느덧 사그라지고, 소소한 것도 같이 해야 마음이 편하다며 싱겁게 웃는 남자가 소금에 절여진 배춧잎처럼 내 옆에서 코를 골며 잠이 들었다.

그와 함께한 시간과 세월이 다 의미 있는 것임을 새삼 느끼며 부부가 먼 길을 함께할 때, 닮아가고 또 이렇게 한 곳을 보면서 늙어가는구나 싶다. 주름진 얼굴을 내려다보니 홍주처럼 알싸한 연민이 목 안을 따갑게 훑었다.

'젖지 않고서 피는 꽃 어디 있으랴. 젖지 않고 가는 삶이 어디

가깝고도 먼 사람 · 107

있으랴.' 도종환 시인의 「흔들리며 피는 꽃」을 혼자 읊조리며 지난 세월 같이 한 남편이 고마웠다.

  투박하게 살아온 시간만큼 꺼칠해진 손잡고 내일이라는 또 다른 미래를 향해, 달빛 쏟아지는 설악산을 베개 삼아 곤한 몸 눕혀 잠을 청했다.

  얼마 남아 있을지 모를 내 생(生)이 다하는 날까지 동행해야 할 사람이기에 따뜻한 가슴으로 보듬어본다. (2008)

큰 선물

사랑하는 큰아들과 며느리에게 적는다.

시월 그믐밤이 깊었는데 엄마는 불 밝히고 앉았다. 청홍(靑紅) 혼선지로 한복도 싸고 보드란 명주실로 채단을 묶어 함(函)을 채우며, 어미로서 할 일들을 하나하나 정리하는 밤이란다.

열흘 후면 내 삶의 큰 선물이고 즐거움이었던 아들이 결혼이라는 책임으로 떠나가는 날이구나. 쳐다만 보면 되는 줄 알던 시간은 가고, 주어야만 할 나이로 바뀐 것은 참 쓸쓸한 일이다. 떠나보내야 할 시간, 보내기가 아쉽고 서운하지만 또 한편으로 예쁜 딸 하나 선물 받는다는 즐거움으로 위로를 해본단다.

사랑하는 아들 그리고 내 딸이 되는 새아가! 너희 둘 오랫동안 마음 맞추고 인내하면서 귀한 인연 만들었으니, 남들보다 몇 배로 행복하고 잘 살기를 바란다.

　이 세상에 나와 닮은 사람이 있다는 것을 알게 되었습니다.
　같은 생각 같은 느낌으로 마주보고 있으면 늘 행복을 느낍니다.

청첩장에 적힌 글처럼 마주보고 있으면 늘 행복하다고 느낄 수 있도록, 또 남들이 부러워할 수 있도록 예쁜 모습으로 살아가기를 바란다.
　너희들은 누구보다 현명하고 지혜롭게 잘살 것이라고 믿는다.

　사랑하는 작은아들과 며느리에게 적는다.
　섣달 하현달이 거실 창으로 밀려와 잠을 설치게 하는구나. 차가운 날씨 탓인지 달빛이 유난히 시리게 보인다. 창가로 의자 당겨 놓고 너희들 잘살기를 기도하며 몇 자 적는다.
　이 밤이 지나면 '결혼'의 너울을 쓰게 되는 너희들. 이제부터 서로의 인생에 버팀목이 될 수 있는 짝을 만났으니, 엄마는 할 일을 다 한 것처럼 한시름 놓게 되고, 큰 선물을 받은 것처럼 마음까지 뿌듯해진다.
　결혼이라는 너울은 서로에게 일어나는 모든 일들을 책임져야 할 '몫'이고 스스로를 챙기면서 지켜야 하는 '약속'임을 잊지 않도록 해라.

내 아이로 태어나준 아들 지훈, 지환아! 그리고 내 딸로 거듭 태어난 며느리 난희, 인미야!

결혼은 이상이 아니고 현실이라는 것을 잊으면 안 된다. 결혼하여 부부로 살아가는 것은 평생을 두고 풀어야 하는 숙제이면서, 서로 챙겨주고 보듬어야 하는 일이란다. 마냥 즐겁고 좋은 일만 있는 것이 아니고, 백 번을 싸우고 백 번을 화해하여야 온전한 부부가 된다고 했다. 자기 고집을 내세워 의견 대립도 생길 것이고, 아주 작은 일로 얼굴 붉힐 때가 있으니 그럴 때는 나를 기쁘게 해주었던 일들만 생각해 보거라. 상대가 무엇을 원하는지 어떤 말과 행동이 필요한가를 한 번쯤 고민하면서 웃어주고, 혹여 다툼이 있을 때는 불편하지 않도록 화해하여라. 나보다 상대방을 더 챙기는 배려까지 있다면 더 바랄 것이 없단다.

엄마가 세상을 살아오면서 느끼고 생긴 지혜들이라서 당부한다.

아들 원, 투! 며느리 원, 투! 살아가는 동안 우리 많이 아끼고 사랑하자. 어떤 인연으로 내 자식이 되었는지 감사하고 고맙다.

이 세상에서 제일 큰 선물을 받은 엄마는 참 행복하단다. 너희들한테 좋은 일이 많기를 또 잘살기를 매일 밤 기도하마.

2011년 3월에 사랑하는 아들과 며느리들에게 당부 한 장 띄운다

소중한 만남

 하늘을 보니 정월대보름 달빛이 환하다. 아이들 웃음소리가 고스란히 배어있는 거실 창가에 기대서서 파리하게 내려앉은 달빛을 보고 있다. 한 순간에 지나가버린 세월 탓일까, 애써 잠을 청하여 보지만 머릿속은 점점 더 맑아만 간다.
 아들 둘 성가시키면 내 할 일 다했노라, 이제부터는 나를 위해 살아가리라고 다짐을 했건만 젊은 날의 열정은 쉬 살아나지 않는다. 하나를 얻으면 또 하나를 잃는다고 했던가. 어려운 숙제를 다 푼 것처럼 홀가분하면서도 한편으로 뭔가를 잃어버린 것처럼 허전한 마음이니 말이다.
 시아버지께서 생전에 약주만 드시면 '물은 흘러가고 자갈만 남았구나…' 하나둘 자식들이 떠나가는 서운함을 노래로 풀어내셨다. 그런데 언제부턴가 내 입에서도 그 노래가 흘러나오는 것이 아닌가.

나도 한때는 풋풋한 시절이 있었다. 요람에서 태어나 사랑받는 딸로 살다가 낯선 타향으로 시집와 며느리요 아내가 되었다. 얼마 후 아이들 엄마가 되었고 시어머니가 되더니 이제는 할머니로 불리어진다.

삶의 전부라고 여겼던 아들들은 가정을 꾸리더니 내 손이 닿지 않게 저만치 가버렸다. 누구도 침범할 수 없던 작은 공간에서 삶의 깊이를 재고, 사랑을 배우며 지혜를 터득하던 자리에 새로운 인연들이 하나 둘 들어왔다.

두어 달 전, 작은며느리가 6개월 된 손녀를 안고 집으로 왔다. 공군장교인 아들이 다른 부대로 파견 근무를 간다며, "어머니만 괜찮으시다면 집에 가서 있겠습니다."라고 하는데 어찌 오지 말라고 하겠는가.

아들들을 분가시키고 TV소리만 귀 아프게 들리던 공간에 손녀 울음소리와 아이 달래는 며느리 노랫소리가 채워졌다. 집에 왔을 때는 겨우 엎치던 아이가, 고사리 같은 작은 손바닥을 마주치며 짝짝꿍 놀이를 할 정도로 하루하루가 다르게 자랐다.

내 자식 키울 때는 살아야하는 고단함에 애들 예쁜 줄도 몰랐는데, 손녀는 정말 예쁘고 사랑스러웠다. 방글거리는 손녀가 보고 싶

소중한 만남・115

어서 남편도 빨리 집으로 올 정도로 집안분위기가 달라지고 생기가 돌았다. 하지만 내 욕심만 채울 수 없는 노릇 아닌가. 자식은 결혼과 동시에 양쪽 집안이 함께 공유해야 한다는 것을 알기에 친정으로 보냈다. 친정에 가서 며칠 편하게 지내다가 집으로 가라고 등 떠밀었다. 오랫동안 짝사랑하던 아들과 그 식솔들은 애틋한 정(情)만 남겨 놓고 그렇게 떠나갔다.

작은 생명체가 남기고 간 즐거움들이 집안 곳곳에 묻어있다. 아이를 안고 어르던 손끝에 비릿한 젖내가 남아 있는 빈자리에 큰며느리가 자리 잡고 들어왔다.

"어머니가 많이 허전해 하실 것 같아서 제가 왔어요."

요즘 며느리들은 시집이 불편하여 '시'자 들어가는 시금치도 안 먹는다는 우스개도 있는데…. 두어 달 동안 집안이 북적거리다가 허전할 것이라는 내 속내를 읽고 채워주려는 그 심성(心性)이 고마웠다. 10분이면 갈 수 있는 곳에 집이 있지만, 며칠을 같이 밥 해 먹고 잠을 자며 말동무가 되어 주었다.

허전함을 조금이라도 채워주고자 노력하던 큰며느리와 윗동서와 정 붙이기 한다면서 손녀를 안고 시집으로 왔던 작은며느리. 부모를 섬기고 형제우애를 챙기는 마음 씀씀이가 어질고 예뻤다. 삭정이처럼 자기 일이 바쁜 남자들만 살던 집안에 파릇한 버들가지처럼 생글거리는 며느리들이 번갈아 와서 좋았다.

집안이 융숭하려면 어진 여자가 들어와야 한다는 말이 있다. 살아가면서 서로를 미워하고 원망하는 일들이 훗날 생길 수도 있겠지만, 서로의 믿음에 실망시키지 않을 것이라는 기대를 갖는다. 결혼으로 인하여 무엇을 얻고 잃을 것인지를 지혜롭게 잘 알 아이들이라는 것을 알기에 믿어보고 싶다.

두 며느리들과 나의 만남을 잘 유지하려면 결코 부대끼지 않아야 할 것이다. 고부간의 갈등도 서로 배려하는 방법을 몰라서 생긴다고 했다. 부모와 자식이 어떻게 처신하고 어떤 도리로 살아야 하는지를, 서로 말을 해가면서 좋은 생각을 갖고 살도록 노력해야 하리다. 그런 것을 다짐하느라 밤은 깊어 가는데 잠이 오지 않았나 보다.

인생에서 제일 중요한 것이 '너와 나의 만남이다'라고 독일의 문호가 말했다. 인간은 만남의 존재이고, 서로의 만남을 소중하게 여기며 사랑스럽게 살아가기를 빌어 보는 밤이다. (2011)

양심의 양면성

초록색 짙은 물결이 손에 잡힐 듯이 내려앉는 7월이었다.
'대한민국 미술대전 입선'이라는 행복함으로 화려한 꿈을꾸던 날, 빗방울이 빗금을 그으며 차창으로 떨어져 내리는 아침에 낯선 길 혼자 가기 싫어 시조 쓰는 후배와 고속버스를 탔다.

상(賞) 받고 덤으로 한국의 거장들 그림전시도 볼 겸 해서였다. 가려진 시간 속으로 가는 서울 여행은 즐거움 그 자체였다. 버스에 앉아 우리가 살아야하는 목적과 살아가야하는 이야기에서부터 이 세상 돌아가는 남의 이야기까지 입과 귀는 지루하지 않았다. 휴게소에서 커피 한 잔으로 정을 나누며, 소소한 사물에도 의미를 담아 하나에서 둘을 볼 수 있어 좋았다.

우리의 목적지는 '시립미술관'이었다. 고속버스 터미널에서 지하

철을 타고 한참을 가야 하는 거리였다.
 서울 풍경이 낯설게 다가서고 탁한 공기와 사람들의 땀 냄새가 나를 이방인으로 만들었다. 이태 전에 와서 그림 전시를 하였던 곳인데도 길눈이 어두웠다. 정확한 위치를 모르겠기에 이사람 저사람 붙들고 물어봤지만 모두 고개를 흔들었다. 약도를 준비하지 않은 안일함과 무지함을 자책하면서 지하철 역사에서 더듬거렸다.
 표정이 선하게 보이는 아줌마에게 도움을 청했더니, 정확하게 도와주지 못해 미안하다고 하지 않는가.
 어림짐작으로 가르쳐주는 3호선 열차를 탔다.
 회색빛 건물들이 죽순처럼 큰 키를 자랑하고, 한강 다리에는 빗줄기가 덜컹거리는 철길 위로 부지런히 따라오고 있었다.
 경복궁에서 내려 택시를 타라고 했던 친절 아줌마의 말대로 서툰 길은 택시로 이용하기로 했다.
 "어서 오십시오! 어디로 갈까요?"
 육십 대쯤의 운전기사가 비윗살 좋게 우리를 반겼다.
 "시립미술관 가주세요."
 "시립이라… 내가 서울에서 육십년을 살았는데도 정확한 위치를 잘 모르겠으니 한 번 가봅시다."라며 시간을 끌었다.
 "아저씨! 우리 서울명동표가 아니고 경상도촌티표가 나지요."
 똑같은 길 몇 번 지나치는 것을 보고 가시 박힌 소리 한마디 했더니, 그때에서야 기분 나쁘게 씩 웃으며 차를 세웠다. 바가지요금을 받기 위한 술수를 부린 것임을 뒤늦게 알았다.
 '눈 뜨고 코 베이는 곳이 서울'이라는 말은 있지만, 작은 것을 속이는 참 무서운 세상임을 다시금 느끼게 했던 그 기사. 기본요금에서 몇 갑절 돈을 얹어주고 내리면서 불쾌함을 지울 수가 없었다.
 경희궁, 입구에서부터 잘 다듬어진 정원과 기와를 올린 예스럽게 지어진 궁궐이 촌사람을 반겼다. 찬바람이 횅하니 돌아 나오는 시원한 미술관 안에 걸려있는 열정적인 그림들을 보니 좀 전의 불쾌한 기분은 금방 사라졌다.
 변덕을 부리는 장맛비를 요리조리 피하면서 내가 못하는 기법들을 배울 양으로 다른 작가들의 재주를 훔쳐보며 사진도 많이 찍었다. 막차를 타려면 발가락에 물집이 생기도록 다리품을 팔아야 했기에 부지런히 돌아다녔다.
 다음 장소로 가기 위해 또다시 택시를 탔다.
 "어디로 모실까요?"
 "예, 경복궁으로 가주세요."
 "손님, 이쪽에서 타면 차비가 많이 나와요. 저 건널목에서 내려 길 건너 타시면 기본요금만 나옵니다. 그렇게 하세요."
 "아저씨 고맙습니다. 그리고 행복하세요."
 택시를 타고 한 구간을 지났는데 그냥 내리라고 하는 기사의 친절이 얼마나 고마운지 모른다.

 아침에 만난 택시기사는 하나를 얻기 위해 양심을 버린 사람이고, 또 한 사람은 하나를 얻기 위해 도덕을 지키는 대조적인 양심의 양면성을 본 것이다.

 수백 년이 지난 긴 세월 속에 주인공이 되어보자며 경복궁 넓은 마당을 걸었다. 역사박물관에서는 우리 선대들의 지혜와 재주를 보고 느끼면서 아주 천천히 느림의 시간 속에 주인공이 되어 본 날이다.

 살아가는 모습과 살아온 삶의 질은 달라도 어떻게 세상을 살아야 하는지 마음속에 오롯이 남게 하던 하루였다.

(2008)

어떤 해프닝

누구나 황당한 일을 당하면 머릿속이 텅 빈다. 요즘처럼 무덥고 불쾌지수가 올라가는 날이면, 적은 일에도 쉽게 화를 내고 엉뚱한 오해를 만들기도 한다.

열대야현상 때문인지 초저녁잠을 설치다가 새벽녘에야 겨우 잠이 들었다. 얼마나 잤을까. 난데없는 핸드폰 소리에 잠이 깨고 말았다.

○○파출소에 근무하는 김순경이라는 말에 시계를 보니 새벽 4시였다.

사내자식을 키우는 어미에겐 한밤중 전화는 신경을 곤추서게 한다. 얼른 무슨 일이냐고 물었더니, 생전 듣도 보도 못한 남자이름을 들먹이며 아는 사람이냐고 묻는 게 아닌가.

별일 아니라는 안도의 숨을 내쉬며 모른다고 했더니, 인상착의를 세세하게 설명을 하는 것이다. 안경을 쓰고 키가 큰 남자가 술에 취해 쓰러져 있는데, 정말 모르는 사람이냐며 재차 다그쳤다. 그래도 모르는 사람이라 했더니 순경은 의미심장한 목소리로 비아냥거리며 말했다.
 "아줌마! 이 핸드폰 아줌마 꺼 맞지요?"
 "예."
 "그런데도 이 사람을 모른다고 합니까? 아줌마 번호가 제일 늦게 찍혀 있는데요."
 "글쎄요…."
 갑작스런 일이라 말까지 벅벅거리며 실랑이하고 있는데, 곤하게 자고 있던 남편이 언제 깼는지 전화기를 낚아채듯 뺏어갔다. 남편은 순경과 한참동안 이야기 하더니, 눈을 흘기며 툭 던지는 말 한마디가 지옥문을 여닫게 했다.
 "당신 정말 모르는 사람이가? 이 여자 처신을 어떻게 하고 다니기에 한밤중에 술 취한○ 때문에 이런 전화를 받는다 말이고."
 화를 버럭 내더니 이불 위로 전화기를 휙 던지고는 돌아누워 버렸다.
 아닌 밤중에 홍두깨라더니 어쩌다 이런 일이 생겼을까. 버선목이라 홀랑 뒤집어 보여줄 수도 없고. 모르는 사람이라고 말을 해도 남편의 의구심은 자꾸만 커져 갔다. 변명할 여지도 없이 내 말 초신경은 칼날처럼 날카로워졌다.

 지옥의 계단을 수십 번을 오르내리며 모래알 씹듯 아침식사를 마쳤다. 자식을 낳고 수십 년을 살아온 아내의 말을 믿지 못하는 남편, 여태껏 살아오면서 남편에게 믿음과 신의를 얻지 못하고 살아왔다는 것이 더 화가 났다. 오만 가지 생각들이 아침나절 내내 날 괴롭혔다.

 유야무야 넘어갈 일이 아니고 내 결백을 꼭 증명해야만 했다. 그래서 보란 듯이 남편의 사과를 받아내고 싶었다. 호흡을 크게 들이쉰 후 전화를 했다. 신호음이 길게 가는 데도 받지를 않았다. 이대로 영영 통화가 안 된다면 한밤중에 바람난 여편네로 낙인이 찍히고 말 것이다. 입술은 바짝바짝 마르고 애간장이 탈 대로 타는데 드디어 문제의 그 번호로부터 전화가 왔다.

 "저, 세탁소입니다. 제 휴대폰에 사모님 번호가 많이 찍혔던데 혹 세탁물이 급한 거 아닙니까?"

 "……."

 세상에 이럴 수가! 휴대폰의 주인공은 바로 세탁소 주인이었다. 어제 오후 늦게 세탁이 다 되었다는 전화를 받았는데, 황당한 일을 겪다 보니 그것을 기억하지 못했던 것이다.

 새벽녘에 분란을 일으킨 사건은 여섯 시간 만에 웃지 못할 해프닝으로 막을 내렸다.

　부부가 오랫동안 함께하다 보면 사소한 오해로 서로를 힘들게 할 때가 있다. 엉뚱한 오해가 생겨서 가슴앓이를 하고, 그런 오해로 평생을 등지고 살아가는 사람들도 우리 주변에서 많이 볼 수 있다. 부부에겐 사랑도 중요하지만 믿음과 신뢰가 있어야한다는 걸 느끼게 하던 그날은 8월 15일 광복절이었다.

　'이날을 영원히 기억하리라. 당신의 오해로부터 해방된 날을….'
　뒤늦게 태극기를 꽂는 내 손을 잡으며 남편은 씩 웃었다.

(2004)

熱花(열꽃)

 풀잎에 맺혀있는 이슬처럼 탱탱한 글을 쓰는 시인이고 싶었다. 벚꽃이 눈처럼 날리는 둑방길을 걸으며 시와 수필을 쓰는 국어선생님이 되는 꿈을 키웠다.

 집안이 어려워 오래된 앨범 속에 빛바랜 사진처럼 기억 저편에 묻어야 했었던 그 꿈은, 마음 한 구석 늘 아쉬움으로 남아 40년 세월 뒤안길에서 서성거리게 했다.

 아이들 중고등학교 교지부에 '어머니 글' 몇 편 써낼 기회가 있었다. 또 라디오(여성시대)프로에 글을 보내 선물과 상품권을 받을 때마다 주변 친구들과 지인들로부터 글을 잘 쓴다는 소리를 들었다. 그럴 때면 괜히 기분이 좋아져서 "아니 뭘요." 하면서도 배시시 눈부터 감겨졌다.

그런 일들이 자주 있고 난 후, 내 가슴에 묻어두었던 욕망들이 비온 봄날 물기 머금은 새움처럼 돌아났다. 마흔여섯이라는 나이에 용감하게 펜을 잡고 글 쓰는 공부를 시작했었다.

강산이 다섯 번 바뀌는 세월 속에 온몸으로 부대끼며 살아온 수많은 이야기들이 내게 있지 않은가. 자신도 실체도 없이 사그라진 사연들도 많고, 책상 서랍 안에서 먼지 뽀얗게 앉은 CD나 테이프처럼 오래 저장해 둔 기억들도 있다. 풀어도 다 풀어보지 못하는 먹먹한 아픔도 상속 받은 재산처럼 오롯이 가슴 속에 새겨져있다. 이런 사연 하나 하나 모두 시가 될 수 있고, 수필소재가 될 수 있으니 기회만 주어지면 공부를 해보리라고 마음먹었다.

꿈꾸는 자가 꿈을 이룬다고 했듯이 정말 그랬다. 그림을 같이 하던 화우가 ○○대학 평생교육원, 시, 수필 창작반의 원서를 챙겨왔다.

문학을 동경하며 모인 문우들과 유능하신 교수님의 명강의는 열정적이었다. 대문호님들 작품에서 우리들의 서툰 작품까지, 비교하며 수필이론과 시론 공부를 했었다. 문우들 작품을 감상하면서 나도 한 번 도전 해봐야겠다는 결심을 하게 되었고, 무지가 주는 당돌함은 겁 없이 용기를 줬다.

몇 날 몇 밤을 쓰다가 지우고 다시 쓰기를 반복했다.

파란 수국이 담장 너머 곱게 피던 날, 친정어머니에게 향한 그리움을 「비취빛 사랑」이라는 제목을 달아서 수필이라는 그릇에 담았다.

"오늘은 우리 작품으로 공부해봅시다." 지적할 단락들을 몇 줄 읽어주시며, "정이 담긴 소재와 문장 진행은 좋은데, 독자를 지루하게 하는 긴 문장은 안 됩니다. 수업시간마다 지적했는데 주의하세요."

긴 한숨처럼 깔려있는 대답 소리에는, 깊게 패인 동굴 속에서 빠져나오는 거센 바람처럼 횅하게 지나갔다. 언제쯤 자신 있게 글 한 줄 옮겨 볼까. 갖추어 있지 않은 부족함이 시작도 하지 않았는데 포기하고 싶어졌다. 손가락이 저리도록 깍지를 끼고 앉아 특별한 재능 없음을 한탄했다.

'그래 아직 늦지 않으니 다시 해보자'라고 맘 다잡아 보던 그날 수업처럼 열꽃이 벌겋게 또 피었다. 채워지지 않았던 욕심을 낙서처럼 쓴 글 한 장을 들고 목마른 갈증을 느꼈던 그때를 생각하니 또 콧등이 시큰해진다.

안으로만 가두고 살아온 생각들이 갑갑하여 닫힌 창문을 열고 하늘을 보니 멍석때기만한 구름 뒤로 하현달이 따라간다. 서늘한 밤공기 속에 묻어 들려오는 풀벌레들의 자유롭고 싱그러운 소리가 파르스름한 달빛과 어우러져 마음이 고요하다.

아! 언제쯤이면 이 맑은 소리와 교교한 달빛을 아름다운 글로 풀어 쓸까.

 뒤돌아보니 열꽃이 피던 현장은 고통이 아니고, 자신을 거듭나게 하는 담금질이었고 덩치를 키우는 촉진제였음을 이제야 알겠다. 그런 시간들이 있었기에 오늘처럼 이 자리가 있으니….

藝鄕(예향)의 도시

 얼마 전 문우(文友)들이 이곳으로 여행을 왔었다. 나는 통영이 문인과 예술의 고장임을 보여주고자 자처하여 안내를 맡았다.
 먼저 초정 김상옥 선생과 대여 김춘수 선생의 시비(詩碑)를 찾았다. 이어서 청마 유치환 선생께서 연서를 써서 부쳤다던 중앙우체국과 청마거리를 걸어가면서, 보도블록에(김형근, 이한우, 전혁림, 김용주) 통영유명 화가들의 아트타일이 박혀 있는 곳은 전국을 돌아도 없을 것이라 자랑을 했다.
 몇 년 전부터 통영국제음악제와 봄, 여름, 가을로 나눠 시즌음악제가 열리는 곳이라서, 통영을 찾으려면 음악을 듣는 귀가 밝아야 한다고 했더니 한마디씩 하면서 웃었다. 시드니의 오페라하우스처럼 근사한 '국제음악당' 건립을 추진 중에 있다고 하니 모두들 부러워하며 고개를 끄덕거렸다.

 통영 별미인 볼락매운탕으로 늦은 점심을 들고는 미륵산 케이블카를 탔다. 산 정상에서 바라보는 다도해의 풍경은 어느 곳에서도 쉽게 볼 수 없는 환상적인 풍광이라며 입을 모았다.

 청명한 하늘을 닮은 바다 위로 파리한 빛을 띤 크고 작은 섬들이 파도를 타는 듯 흔들리고 있었다. 시가지가 한눈에 내려다보이는 나무의자에 앉아 바다 풍경을 잠시 즐기다가, 흙을 보듬고 자연을 다독이던 소설가 고(故) 박경리 선생의 묘소로 향하였다.

 묘소로 가는 능선은 온갖 꽃들이 심어져서 향기를 피우고, 적당한 자리를 잡고 앉아 키를 키우는 나무들과 자연석(自然石) 위에는 소설의 일부분들이 새겨져 걸음을 멈추게 했다.

 오월의 아이처럼 순수하고 밝은 미소를 머금고 영면하신 선생님! 그곳에 다시 가서 보니 함께한 인연이 새삼스러웠고, 친정어머니처럼 따뜻하게 손 잡아주시던 생전모습이 떠올랐다.

 상석(床石) 위에 떨어진 솔잎 몇 가닥 손으로 쓸어낸 자리에 국화 한 묶음 얹어놓고, 엄숙하면서도 웅장했던 장례식 행렬을 떠올려 보았다. 바람에 펄럭거리는 만장을 들고 꽃상여 뒤를 따르던 전국각지에서 모인 수백 명의 문인들 속에 내가 있었다. 문학의 큰 별인 선생과 전생에 어떤 인연이 있어 소중한 추억 한 점 가슴에 안고 있는지….

선생의 생전 유지를 받들어 이름자 석 자만 새긴 작은 비석-. '버리고 갈 것이 없어 편안하다.' 하시던 소박한 성품이 그려지면서 내 자신을 잠시 되돌아보게 했다.

　'통영은 명실 공히 문인의 고장이며 예술의 도시다. 청마문학관과 대여문학관이 있고, 봄과 가을에는 세계적인 음악가들이 윤이상 음악제에 참여한다. 또 아흔이 넘은 고령의 나이로 붓 끝에 전통 오방색을 풀어가는 전혁림미술관. 옻칠과 자개가 만나 화려한 색감과 문양으로 통영의 혼을 전해 주는 나전칠기와 옻칠 미술관도 있다. 게다가 신라 왕실에서 사용했다던 대(竹)를 가늘게 쪼개 만든 대발, 한 땀씩 바느질 하는 전통누비. 말총으로 만든다는 갓과, 오동나무 결을 살려 촉과 홈이 서로 맞물려 짜 맞추는 소목장 등등 열정과 예술혼이 살아 숨 쉬는 통제영12공방이 등록된 고장이다.'
　"당신은 참 좋겠네. 이렇게 아름다운 예술의 고장에 살고 있으니…."
　내 설명을 듣던 K선생이 자신도 여건만 된다면 이곳에서 여생을 보내고 싶다는 말까지 했다. 해오름과 구름띠 따라 변하는 하늘과 바다는 심상(心想) 속에 문학의 씨앗을 싹트게 하고 여물게 하니 많은 문인과 예술인들이 배출될 수밖에 없다면서 부러워하는 것이다.
　내가 태어난 곳은 아니지만, 남편의 고향인 이곳 통영에 살고 있음이 자랑스러워지는 순간이었다. 후세(後世)에 길이 이름을 남길 예술인들이 현세(現世)에 많이 출현하여, 먼 훗날 내 자식과 내 손자들이 통영을 자랑하고 사랑할 수 있기를 기대하면서 발길을 옮겼다.

(2009)

한 점 별빛으로 빛나는 말

 바다와 섬이 뽀얀 안개 속에 갇힌 아침이었다. 바람이 없고 기온이 높아지기 때문에 하루가 무척 덥고 짜증이 손끝에 묻어나는 그런 날이었다.
 어제도 침 한 번 삼키고 넘어갈 일을 화를 낸 것 같아 늦게까지 마음이 무거웠다. 살아가면서 우리는 말로 인해 무수히 상처를 주고받게 된다. 무심코 던진 한마디 말 때문에 두고두고 후회하게 되고, 상대에게 생채기만 남긴 채 잊어버리고 살아갈 때가 있다. 가까이 있는 동인에게 상처를 준 것 같아서 미안했다.
 동네 초등학교에서 체육관 개관식을 한다고 초대장을 보내왔었다. 여름옷을 꺼내놓고 이 옷 저 옷을 입어보다 보니 개관식이 임박해서야 집을 나섰다.

체육관 입구에는 여러 곳에서 보내온 화환과 화분들이 내방객들을 맞이하고 있었다. 축의금을 내려고 준비해 갔는데 행사장에 가서 보니 화분을 하는 것이 좋을 것 같았다. 리본에 ㅇㅇㅇ라고 이름 크게 적어놓으면 남들 보기 근사할 것 같다는 작은 욕심이 생겨 마음이 바뀐 것이다.

꽃집을 운영하는 동인한테 전화를 했다. 개관식이 시작되기 전에 화분 하나 빨리 보내 달라는 당부를 했고, 30분 안에 배달을 해야 된다는 다짐도 받았다. 그러나 축하행사가 끝나고 손님들 모두 가버린 시간까지 화분은 배달되지 않았다.

행사가 끝난 후 화분이 오면 무슨 소용인가. 생각할수록 화가 치밀어 전화를 했다.

"시간을 못 맞춰줄 것 같으면 미리 안 된다고 해야지요. 행사 다 끝난 후에 축하 화분이 무슨 소용 있어요?"

가시가 돋친 내 목소리에 당황해하며, 화분 챙기고 리본에 글을 쓰다 보니 늦었다는 빈약한 변명을 했다.

지금 생각해 보니 그녀의 잘못만이 아니었다. 일찍 준비하지 못한 내 성격 탓이고, 늦게 주문한 내 잘못인데도 화를 냈던 것이다. 그녀의 입장이 되어 깊게 생각했더라면 참 좋았을 텐데. 내 말 때문에 상처받았을 동인의 마음을 잠시 헤아려보았다. 조금만 더 참았으면 될 일을 왜 그리도 못되게 성질을 부렸을까 후회스러웠다.

불현듯 희미한 그림자 속에 지워지지 않는 십여 년 전의 일들이 가슴 서늘하게 떠올랐다. 갓 결혼하여 시집살이가 낯설고 힘이 들 때, 처음으로 마음을 터놓고 지내던 다정한 친구가 있었다. 키 낮은 돌담을 사이에 두고 맛난 음식들이 오가고, 자잘한 가정사에서 사춘기를 겪는 머슴애들 키우는 이야기까지 허물없이 정을 주고받았다. 그러던 그녀와 동네 일로 마음을 상했다. 얼어붙어 흐르지 않는 동짓달 강물처럼 지금껏 말도 않고 지내는 것이다.

우리 마을은 하늘과 바다만 바라보고 사는 작은 어촌이다. 다른 갯가와 다르게 물목이 좋아 선착장에 닿는 배들로부터 활어유통업자들이 많이 들고나는 곳이다.

경로잔치를 핑계 삼아 푸짐하게 음식장만 하여 찬조금 받아 기금 장만도 하고, 마을부녀회 수고도 여러 곳에 알리고 싶은 내 욕심이 그녀의 기분을 상하게 했던 모양이다. '괜한 일거리 만들어 사람 힘들게 한다'며 목소리 높이던 그녀를 안타깝게 바라보며 가슴 아파했다. 사람과 사람이 만나 주고받는 정을 의심하며, 그 일로 인하여 오랫동안 가슴앓이를 했다.

간혹 동네에서 눈이 마주칠 때면 애써 먼 산을 보고 가는 그녀가 안쓰러워 말이라도 먼저 걸고, 손이라도 한 번 잡아주고 싶은 충동을 느낄 때도 있다. 그러나 한 번 닫혀 버린 마음의 빗장은 아직까지 열리지 않는다.

사람들은 누구나 말실수를 하고 산다. 옛말에 '세치 혀가 요물'이라 했듯이, 말로서 울고 웃는 일들이 어디 한두 번이던가.

얼마 전 스크랩 해놓은 이정하의 글을 찾아 읽었다.

> 진실로 다른 사람의 가슴속에서 한 점 별빛으로
> 빛나는 말, 그 말만으로도 어떤 사람은
> 일생을 외롭지 않게 살 수 있습니다.

오랜 기억 저편에 무심코 던진 친구의 말에 내가 큰 상처를 받았듯이, 내 말로 인해 누군가 상처 받을 수 있다는 걸 잊고 살았다.

이제부터라도 다른 사람의 가슴을 헤집는 말보다 한 점 별빛처럼 빛나는 말을 하리라고 다짐해보는 하루였다.

내일은 꽃집 동인에게 미안하다고 전화를 해야겠다. (2008)

운명의 수레바퀴

 바다 건너 가로등 불빛이 빗물에 출렁거리는 깊은 밤이다. 시계 바늘이 두시를 가리키고 있는데도, 온몸으로 나부대던 그녀를 생각하며 잠들지 못하고 뒤척인다.
 "여사님! 죽으라고 하는데도 일이 안 풀려서 화가 나요."
 중년 나이에 일탈을 꿈꾸며, 짧은 여행을 마치고 돌아온 M이 맥주를 마시며 답답한 속내를 풀어 놓았다. 눈물을 쏟아내는 그를 보고 있자니 언젠가 화집에서 본 영국화가 빈 존스(Buurne-jones)의 '운명의 수레바퀴'가 동영상으로 떠올랐다.
 어떤 이는 노예로, 누구는 왕으로, 또 누구는 시인으로 태어나서 커다란 수레바퀴에 붙어 있는 그림이다. 그림 왼쪽에는 한 여인이 서 있고, 그녀의 오른쪽에는 커다랗고 동그란 바퀴에 남자 셋이

먼 곳을 바라보고 서 있다. 여인의 골격이 남자들보다 큰 걸로 봐서 사실적이라기보다는 상징적 의미를 담아서 그린 것 같았다.

작가가 전달하고자 하는 깊은 뜻을 다 헤아릴 수는 없다. 하지만 누구나 저마다 삶의 목적을 가지고 태어남을 나타내고자 한 것이리라. 남들과 다른 나만의 목적과 해야 할 일들이 있을 것이고, 내 삶의 의미를 찾아가라는 뜻도 있을 것이다.

왕은 왕이라서 최고의 권력자로 부귀와 영화를 누리겠지만, 나라와 백성을 다스려야 하는 막중한 책임감 때문에 어떤 어려움을 겪고 있을지도 모른다. 시인은 어떤가. 자연을 찬미하고 시를 잘 쓴다고 하여 마음이 다 즐겁고 행복하지는 않을 것이다. 또 노예로 태어나서 가난하고 굴욕적인 삶을 산다고 해서 다 불행한 삶이라 단정 지을 수 없는 일이다.

주어진 환경에 충실하면 남들보다 더 행복하게 살아갈 수 있다는, 희망의 메시지를 주고 싶어서 그린 그림이 아닐까. 시련은 견딜 수 있을 만큼 주어진다는 뜻이 담겨있음을 느끼게 하였다.

운명이란, 수레바퀴처럼 마음 가는 대로 돌아가지 않을 때가 있다. M의 말처럼 죽어라 노력해도 현실과 뜻이 맞지 않을 때는 좌절하고 절망에 빠지기도 한다. 이 모두가 더 나은 미래를 향하여 가는 과정이라고 생각을 해 본다면, 불편했던 마음이 조금 편하지 않을까 싶다.

성격이나 기질과 재능은 모태에서부터 상당부분 정해져 있다고 한다. 하지만, 운명과 팔자는 어떻게 만들어가느냐에 따라서 달라진다고 하지 않던가.
 '살아있다는 것만으로도 즐거움'이라고 했던 어느 장애인은, 어릴 적 전신화상으로 장애를 입고 발가락으로 그림을 그리는 화가가 되어있다.
 '남다른 장애가 있고 불편하다는 이유로 좌절하고 절망에 빠져 살았더라면 오늘에 나는 없었을 것이다.'
 조금 부족하더라도 깊은 사고(思考)를 갖는 자세가 살아가는 기본 정신이라고 장애우는 말했다. 어떤 주관이나 선입견이 없는 마음가짐에 따라서 운명의 척도는 달라질 수 있다고 했다.
 다이아몬드가 원석일 때는 빛나지 않지만 갈고 닦으면 가장 아름다운 보석으로 탄생하듯이, 우리네 삶도 마찬가지일 것이리라. 기쁘면 기쁜 대로 슬프면 슬픈 대로 주어진 그날에 최선을 다하면 반드시 좋은 날이 있기 마련이다.
 '아직도 늦지 않으니 운명의 수레바퀴를 힘차게 돌려보세요. 지금의 내 모습을 회상하면서 빙긋이 웃을 때가 있을 것입니다. 오늘 힘들다고 생각한 것들이 내일이 되면 별 일 아님을 알 것이고, 후회 없이 살아 온 자신을 스스로 칭찬할 날이 올 것입니다.'
 우리들은 세상이라는 거대한 수레바퀴의 일부분으로 돌아가고 있는지 모른다. 고난과 실패를 두려워하지 말고 그림 속의 여신처럼 운명의 바퀴를 스스로 돌려보라고 해야겠다. 남이 돌려서 돌아가는 것보다 내가 좋아서 굴려가게 하는 수레바퀴는 분명 크게 다르다는 걸 말해주고 싶은 밤이다.

그녀가 무한 도전을 할 수 있기를…. (2008)

영원한 세상

 물기 젖은 하늘이 키 낮은 담장 위에 내려앉은 오후였다. 갑갑하게 집에만 있지 말고 운동 가자는 남편을 따라 집을 나섰다.
 한 시간 남짓 가볍게 운동을 마치고 과일 몇 알 살 요량으로 할인마트에 갔다. 구정대목을 겨냥해서 잘 정리된 매장들을 둘러보니 과일만 살 것이라던 마음은 금세 사라지고, 지갑을 열어 줄 사람이 있다는 사실만으로 늙은 여우로 변하여 이것저것 제법 많이 샀다.
 비상금 털린 남편이 속 타는 표정으로 주스 한 잔 마시는 틈을 타, 화장실에 앉아 한 달 생활비의 여유를 즐겼다.
 "혹시 이거 아줌마 겁니까?"
 젊은 여인이 검정 핸드백을 들어 보이며 물었다. 고개를 저으며 아니라고 했더니 매장 사무실 쪽으로 갔다.

얼마 후 내 또래의 잘 차려입은 아줌마가 숨을 헐떡거리며 화장실로 갔다가 벌겋게 상기된 얼굴로 되돌아 나오며 두리번거렸다. 핸드백 주인인 것 같아서 사무실로 가보라고 했더니 잰걸음으로 갔다. 같은 근심을 가져본 자들만이 서로 동정한다는 말처럼, 지난 날 내 뒷모습을 보는 것 같아서 무사히 찾아가기를 빌었다.

지난가을, 어릴 때부터 동기간처럼 지내던 언니한테서 딸아이 결혼한다는 연락을 받았다. 그날은 꼭 축하해주러 부산 가야한다고 남편에게 못 박듯 다른 일 만들지 말라는 부탁까지 하면서 화려한 외출을 꿈꾸었다.
이틀 밤을 새워가며 '세상에서 제일 행복한 신부가 되어라.'라는 멋진 글 한 장을 적고, 우리의 전통을 잊지 말라는 뜻으로 색깔 고운 통영 누비 홑이불도 하나 샀다. 이불이란 본디 찬 기운을 막아 몸을 보호하고 잠자리를 편하게 하는 물건이지만, 그 이불 속에는 소우주가 들어 있음도 잊지 말라고 적었다.
우리 어머니들이 딸 시집보낼 적에 중요시했던 것들이 이불이었기에 예쁘게 포장하면서 내 딸 하나 없음을 아쉬워하기까지 했다.
출발하던 아침, 멋지게 성장한 내 모습에 흡족한 웃음을 날리며 버스에 몸을 실었다. 일상에서 벗어난 느긋한 마음으로 울긋불긋 폭 익은 산, 들을 보며 새 출발하는 어린 신부에게 덕담 한 줌 주고 올 것이라는 기분 좋은 생각 속에 잠겨있었다.

 행복감은 잠시, 부산터미널에서 예식장으로 가는 택시 속에서 며칠 기분 좋게 꾸던 꿈을 몽땅 두고 내린 것이다. 손이 허전하다고 느꼈을 때 차는 이미 저만치 사라지고 있었다.

 며칠 전부터 미장원을 다녀오고 예쁘게 치장을 했던 근사한 모습은 그곳에 없었다. 겨울바람에 바싹 말라있는 댓잎처럼 물기 한 점 없이 서걱거렸다.

 "널 괜히 고생시키는구나."

 도심의 회색빛 건물을 내려다보며 허탈해 하는 나를 위로하는 언니를 보면서, 부끄러움과 서글픔이 함께 엉켜 명치끝에서 발끝으로 흘러내렸다.

 선물 산다고 기십 만원 든 돈이 아까워서가 아니었고, 차비만 남겨놓고 부조금을 다시 만들어낸 것이 아까운 것도 아니었다. 이틀 밤을 머리 짜고 좋은 글귀 인용해가면서 쓴 편지 한 장이 아까워서 견딜 수가 없었다. 그날 마음 터놓을 친구가 있었더라면 술 한 잔 앞에 놓고 늙어감을 질펀하게 자축했을 텐데….

 부산을 다녀온 후 우울 속에 갇혀 몸살처럼 앓던 그날의 기억을 떠올리면 지금도 가슴 한 곳이 저리다.

 오늘 아침에도 옷 몇 가지 챙겨 차에 싣고 세탁소 앞을 그냥 지나칠 때, 옆자리에 앉았던 남편이 "건망증이 심하면 치매 온다더

라. 조심하소." 장난처럼 놀렸다. 치매라는 말에 펄쩍 뛰기는 했지만 약간은 그럴듯하다는 의구심이 생겨 사전(辭典)을 펼쳤다.

'치매란 뇌의 질환으로 감정 및 언어기능까지 저하되는 것이고, 건망증은 기억장애가 있지만 빈도가 낮고 젊은 정상인들도 종종 경험한다.'라고 적혀 있었다. 감정의 기복이 심한 현재의 내 증세로 봐서는 건망증이지 분명 치매는 아니라며 웃어 넘겼다.

살아오면서 고집스럽게 자신을 곧추 세우려고 노력했다.

이제는 지난날의 진지함과 무거움을 가끔씩 내려놓고, 가볍게 경쾌하게 변할 때라는 것도 알지만 내 가까이 너무 쉽게 오는 변화가 두렵고 안타까울 때가 있다.

'이 세상에는 영원한 것이 하나도 없다.'는 말로 자위한다면, 그것이 위로가 된다면, 억지로라도 자유로워지고 싶은 마음이다.

(2005)

匠人(장인)의 손길

 차 한 대가 겨우 갈 수 있는 좁은 산길을 올랐다. 색색으로 물든 가을산이 꽃보다 더 아름답게 가슴을 설레게 하던 날, 시간 속에 멈추어진 색감(色感)과 동양사상(思想)을 그림과 글로 옮겨볼 욕심으로 가야산자락을 찾았다.
 앞산 그림자가 절 마당 가운데 거뭇하게 내려앉고, 동안거(冬安居) 들어간 스님들의 발자국 소리까지 뒤란으로 깊게 숨어버린 오후였다.
 세월의 무게를 무겁게 이고 선 빛바랜 기와지붕 끝에 매달린 풍경(風聲)이 바람에 흔들리며 길손을 맞이했다. 기왓장 아래는 우리의 전통 오방(청, 백, 적, 흑, 황)색으로 대웅전의 위용을 드러내고 있어 잠시 두 손을 모았다. 대웅전 정면 여섯 짝을 수놓은 문살, 못

하나 안 쓰고 나무토막을 끼워 맞추어진 문자체가 하나의 꽃밭이었다. 가을볕에 아른거리는 연, 국화, 해바라기 꽃 속에 장인들의 땀과 향기가 오롯이 배어 있었다.
 눈, 비, 바람에 채색이 다 지워지고 나뭇결만 남아 있는 문양들, 옛날 그때의 화려함을 잃어버린 오래된 흔적들을 카메라에 담았다.
 가로 세로 문살의 비례, 나무를 조각하여 크고 작게 붙여 만든 꽃모양, 문고리에 붙은 작은 장식의 형태, 나무의 질감과 퇴색된 색체 등을 보면서, 수백 년 전 장인들의 사상과 정신을 보고 있는 듯하여 잠시 눈을 감았다.
 언젠가 화판(畵板)을 만들기 위해 목공예 전문점을 찾아간 적이 있었다. 주인아저씨는 작은 나무망치를 들고 문살 위에 문살을 끼우면서, 연신 문과 문살의 오묘함과 오방(五方)의 동양철학이 있다는 설명을 일 배우는 청년에게 가르치고 있었다.
 문살의 문양은, 전통을 살리는 한옥과 사찰(寺刹)로 들어가는 문의 형태와 크기에 따라 만드는 방법이 각기 다르다고 한다. 문살 짜임은 형태에 따라 만(卍)자문, 용(用)자문, 아(亞)자문으로 구별된다는 것이다.
 문과 문살은 가볍고 잘 마른 결 고운 나무를 골라 대패질을 하고 사포질을 한 후, 끌로 요철을 파내서 거기에 하나의 문양을 맞추는 것을 짜맞춤이라 하고, 삼지창처럼 세 가닥의 나무를 박는

장인의 손길 · 149

삼장부짜임도 있다고 했다. 가장자리와 모서리 눈금 하나도 정확해야하고, 아귀를 잘 맞추어야 문살의 비틀림이 없다고 하니 이 얼마나 어려운 기술이겠는가.

문살은 쇠못이나 대못을 사용하지 않고 ㄱ자, ㄷ자, 또는 ㅁ자, ㅇ자 각각의 형태로 나무와 나무 물림으로 연결하여 제작한단다. 타원형을 여러 개 붙여 꽃모양을 만들고, 나뭇가지모양을 만들어내는 장인들의 솜씨는 기계보다 더 정확하고 정밀한 유기적(有機的) 건축방식으로 자연미를 살리고 있었다.

서구화 문명을 받아들여 기계화되면서, 오래전에 하나씩 사라져 버린 것들이 어디 문살뿐인가. 전통을 고집하는 나전칠기와 옹기, 염장(대를 잘게 쪼개어 만드는 발), 소목장, 두석장, 갓 등 많은 시간을 잡고 잔손을 봐야하는 작업이고 기술이기에, 전수하려 해도 배우는 사람들이 없다고 하지 않던가.

'보이는 것은 잠시고 안 보이는 것은 영원'이라 했던, 장인들의 솜씨가 먼 옛날이야기로 남는 것 같아서 안타까웠다. 언제쯤이면 느림의 미학을 중요시하는 우리의 고전, 전통 오방색의 화사함을 볼 수 있을까. 많은 것들이 시간 속으로 사라져가는 것 같아 아쉬움이 남았다.

산 그림자를 밟고 사찰을 막 돌아 나오는데, 지난여름 뜨겁게 달구어 파르스름하게 식어가는 풍경소리가 발걸음을 붙잡았다. '우리 문화가 이대로 단절되는 것을 막아야 한다. 어느 순간 사라지는 유물이 아니라, 현대문화에 접목하여 먼 미래까지 선조들의 생체(生體) 지혜를 배우고 보존해야 하느니…' 옛 장인들의 푸념이 그 풍경 속에 묻어 있는 듯 댕그랑 울렸다.

사진들을 현상하여 화판 위에 문살을 스케치 해봤다. 생각대로 문살의 문양과 간격이 쉽게 맞지 않았다. 현대건축이 쉽게 따라하지 못하는 장인들의 기술이 얼마나 뛰어났는지를 다시금 느껴보는 하루였다. (2008)

4.
파도로 밀려오는 것들

세상과의 소통

 오월 하현달이 바다 위로 내려앉는 새벽이다. 열린 창으로 바람 한 줄기 달빛 묻은 갯내를 안고 밀려온다.
 며칠 전 목포 바닷가에서 만난 할머니는 이 새벽에 무엇을 하실까. 싸릿대로 얼기설기 엮어 세운 울타리에 '효(孝)의 집'이라는 팻말이 적힌 오두막집, 세월을 이기고 서 있는 외딴집에서 홀로 살아가시던 할머니의 안부가 궁금해진다.
 해(年)마다 5월, 6월이면 어장에 넣을 치어(稚魚)를 사기 위해 몇 차례 목포 바닷길을 헤집고 다니곤 했었다. 그날도 치어 선별작업을 끝내고 시간적 여유가 있어 해당화가 붉게 핀 둑길을 걸었다. 수없이 오가며봤던 길 끝에 오두막집 한 채가 쓰러질듯이 서 있었다. 어장막장에 필요한 기구를 넣는 창고일 것이라는 막연한 생각을 하며 지나쳤던 그곳에 사람이 살고 있는 게 아닌가.

머리카락이 하얗고 허리가 땅에 붙을 정도로 꼬부라진 할머니가 아침나절인데도 한낮처럼 뜨거운 마당에서 일을 하고 있었다. 그물망에 들어 있는 마늘을 다듬는 손놀림이 어딘가 부자연스러워 사립을 열고 마당으로 들어섰다.

"어디서 뭘 하시는 양반인디 예까지 왔을란가?"

인기척에 고개를 들며 물으신다. 지나가다가 들어왔노라고 했더니 "내는 지금 이 일을 다 혀야 한 게 앉았다가시오." 다듬어진 것과 다듬어야 할 것들을 따로 구분하시며 쉬었다 가란다.

빛바랜 비닐 장판이 깔린 마루에 걸터앉으니 열린 방안이 다 보였다. 어떤 도움을 받고 있는지 세간 거둠새가 정갈했다. 텔레비전이 있고 부엌으로 통하는 쪽문 사이로 전기밥솥도 보였다. 빨랫줄에는 하얀 비닐봉지 몇 장과 아침 설거지를 끝낸 듯한 물기 밴 행주가 바람에 흔들리고 있었다.

적적(寂寂)한 시간 속에 갇혀있었던 탓이었을까. 옆에 앉아 몇 마디 건네자 마흔다섯 젊은 나이에 실명하여 35년을 귀로 몸짓으로 고단하게 살아온 숱한 세월을 풀어놓으신다. 열여덟에 시집 와서 60년 넘게 살고 있는 오두막의 역사와 오남매를 두고 있지만 일 년에 한두 번 만나기 어렵다는 외롭고 슬픈 기억들을 실타래 풀듯이 더듬더듬 가위질을 하시며 속엣 말을 들려주셨다.

"부모는 자식 위해 뭔가를 해주고 싶어서 이렇게 하는디, 자식들은 부모가 하는 백분지 일만 혀도 효자가 될 것이오. 안 그렇소이?"
 서글픈 푸념에 마땅하게 대답을 못하고 앉아있는데, 일을 끝낸 남편이 빨리 오라고 손짓해 어쩔 수 없이 싸리문을 나섰다.
 살면서 부모사후경(父母死後經)을 알고 효(孝)를 실천하는 자식들이 얼마나 있을까. 봉양을 받아야 할 팔십 노모가 자식들 입에 맞난 먹을거리를 챙기고, 불효하는 자식을 남 듣기 좋게 역성드시는 어머니. 어머니의 애틋한 눈먼 사랑을 그 자식들은 알고 있는지 묻고 싶었다.
 며칠이 지났는데도 외딴집에 찾아오는 사람 없이 쓸쓸하게 지내고 있을 할머니의 모습이 마음을 착잡하게 했다. 우리 주변에 이런 이웃들이 있기에 '고독사(孤獨死)'라는 가십거리가 끊임없이 생기고 있는 것이리라.
 지난 2월, 충남 아산 한 아파트에서 시신 2구가 같은 날 각각 다른 집에서 발견되었다는 신문을 읽은 적 있다. 숨진 사람들은 가족과 떨어져 '1인 1가구'에서 고혈압 등 지병을 앓고 있었다. 외롭고 힘들게 살아가다가 숨진 지 3일에서 7일 이상 방치되었다고 하니, 현재 우리 사회의 한 단면인 양 여겨져 안타까웠다.
 어떤 이유로 가족구성원을 못 이루고 그러한 변고를 당한 것인지…. 가족이 있어도 외로운 삶을 살아가는 사람들이 갈수록 늘어가는 추세다. 핵가족화 되어 가는 사회구조와 개인주의 성향과 이

기적인 편안함에 젖어가는 '인맥의 양극화 현상'이 급격하게 진행되는 것을 누굴 탓하겠는가.

잘산다고 자처하는 일본도 혼자 살다 사망하는 고독사를 막기 위해 '미마모리(지킴이) 서비스'를 시작했다고 하지 않던가. 고령자나 혼자 사는 집에 센서를 설치하여 스무 시간 이상 움직임이 없으면 자동으로 연락된다고 한다.

우리도 노인, 장년층들의 1인 1가구 비율이 급격한 속도로 늘어나는 지금 가족과 이웃들이 모르는 죽음이 발생하지 않도록 계획을 세워야 할 것이다.

10년 20년 후, 우리의 모습이 어떻게 변할지 알 수 없는 일이니 미리 준비를 해둬야 할 일들이다.

누군가의 도움 없이는 사립 밖으로 한 걸음도 옮겨갈 수 없는 할머니. '효의 집'이라는 푯말을 달고 35년 동안 보이지 않는 세상과의 소통을 자식들이 아닌 마음이 따뜻한 봉사자들이 하고 있었다. 정 나누기를 하는 그런 이웃들이 있기에 아직은 살 만한 세상이 아닌가 싶다.

부모와 자식들이 한 이불 밑에서 웃고 다독거리던 옛날이 그립고, 키 낮은 담장 너머로 음식 담은 접시가 오가던 이웃의 정이 오늘따라 생각나는 날이다. 옛날의 사고(思考)가 정답이라고 할 수는 없지만, 시간 속에 묻혀버린 추억들이 왜 이처럼 그리워지는 세상이 되었는지 안타까운 일이다.

(2011)

좁쌀 한 알에 우주를 담아

 강원도에 다녀오던 길이었다. 커피 한 잔 마실 요량으로 휴게소에 들렀다가 차탁 위에 놓여있는 팸플릿에 눈이 갔다.
 무위당 장일순의 삶을 조명한 수묵화 전시회가 목포에서 열린다는 내용이 있었다. 일생을 낮은 자세로 생명과 평화, 상생의 근원이 무엇인지를 몸소 실천하시던 선생의 15주년 추모 서화(書畵)전을 한다니 반가웠다.
 '좁쌀 한 알'이라고 살아생전 자신을 한없이 낮추셨던 선생. 길을 걷다가 만나는 한 사람, 한 사람에게까지 아이들 소식과 살림살이며 시절 얘기를 나누는데 시간을 할애할 정도로 정이 많으셨다고 전해진다.
 선생께서는 삶의 자리가 끊임없이 작아지고 겸손해져야 한다는 평소의 소신대로 '무위당'이라는 호를 사용하셨다. 한 그릇의 밥도 하늘과 땅, 사람의 힘이 합쳐져야만 얻을 수 있으며 곡식 한 톨의 무게가 태산보다 무겁다는 생명운동가이기도 했다.

집에 찾아오는 이들에게 덕담과 글씨 한 채, 단아한 난초 한 점을 그려주셨고 사람들의 정신적 지주가 되어 주었으며 사상적 스승으로 존경을 받았다.

내가 선생님을 만난 건 아이들이 대여섯 살 적이니 25여 년 전이다. 어느 겨울, 통영 바다 물빛을 보기 위해 강원도에서 손님 몇 분을 나전칠기 기능전수자인 시-누부가 뫼시고 왔었다.

지문이 닳을 정도로 일을 해야만 했던 녹록하지 않은 살림이었지만, 하룻밤 묵어갈 수 있도록 집으로 초대했다.

갯촌이라 찬거리도 변변하지 않은데도 식사를 맛있게 드셨고, 방바닥 틈새에서 흙냄새와 메케한 연기가 나오는데도 전통가옥이라며 좋아하셨다. 애들이 크레용으로 피카소 흉내를 낸 벽과, 창호지 바른 문에 손가락으로 구멍을 뚫어 놓은 것을 보시며 빙긋이 웃던 분이었다.

'살아있는 모든 생명에 감사하고 작은 좁쌀 한 알에도 우주가 담겨 있음을 봐야 하고, 세상 살기 힘들어도 서로 도와 가는 사회를 만들어야 한다.'

지금 가만히 생각해보면 그것이 바로 더불어 살아가는 생명사상이 아니었던가 싶다.

그런 인연으로 언젠가 강원도 선생님 댁을 방문했었다. 바다사업의 거듭된 실패와 쪼들림을 위로하고 싶었는지 화선지를 펴시고 덕담 한 채 써주셨다.

'天言四行百生 使歲時爲物焉(천언사행백생 사세시위물언)' 논어(論語)에 나오는 문구(文句) 한 편이었다

'살면서 충·효·우애·신의를 잘 실천하면 남들보다 뛰어난 벼슬과 물질이 어찌 오지 않으리오.'라는 덕담이었다. 선생의 담백하고 정갈한 예서(隸書)체의 글씨 한 점과 청아한 난초 한 점이 우리집 가훈처럼 거실에서 내 살아가는 모습을 지키고 있는 것이다.

선생님이 돌아가신 지 얼마 지나지 않았을 때다. '무위당을 사랑하는 사람들'이 고인이 된 선생을 추모하기 위한 서화전을 한다며 서예와 난초그림을 빌려갔었다. 전시회를 마친 후, 전국각처에 흩어져 있는 작품들을 옮긴다는 것이 쉬운 일이 아니라며 앞으로는 사진으로 대신한다고 했었다. 그때 이후로 까맣게 잊고 살았는데, 서화전을 한다는 책자를 보니 옛날 일들이 생각났던 것이다.

선생님은 후배나 제자들에게 '밑으로 기어라'라고 했단다. 위로 날지 말고 밑으로 기는 것이 생명의 본질이라는 가르침은 분명 서투른 행동은 하지 말라는 뜻일 것이다.

좁쌀 한 알처럼 조용하게 사시다 가신 분, 수선 떨며 사는 요즘

사람들보다 많은 교훈을 남긴 선생을 기리기 위해, 그들은 '무위당 좁쌀 만인계(萬人契)' 후원회를 만들어 불우한 이웃을 돕는다고까지 했다.

나에게도 기회가 주어진다면 '조' 한 알처럼 자신을 낮추었던 무위당의 일속자(一粟子) 정신과 또 밥알 한 알에 우주가 담겨 있는 생명원리의 정신도 배워보고 싶어진다. 하지만 식견이 부족한 나로서는 그분의 사상을 이해한다는 건 어불성설(語不成說)이 아닐는지.

언제쯤이면 철학적 기초사상과 생명사상 속에서 자신을 비우며 사셨던 선생의 그림자라도 닮아볼까. 문학도 철학도 결국 인간 내면세계를 찾아가는 길일 텐데….

*장 선생께선 1928년 강원도 원주에서 출생하여, 1994년 67세를 일기로 영면하셨다. 선생은 어릴 적부터 집안의 한학 전통으로 이어진 유가철학(儒家哲學)과 가톨릭 정신이 그 바탕에 있다. 이후 동학(東學)사상에 대한 깊은 천착으로 간디즘과 해월(海月)스님의 밥 이야기를 빌려 밥이 곧 생명이라는 생활운동에서 사회운동을 이끌었다. 또한 민족문제를 넘어선 인류문제, 지구문제, 생태계문제에 깊은 공부를 했던 선생의 철학은, 노자의 무위(無爲)사상으로 그치지 않고 당신의 삶에서 좁쌀 한 알 속의 우주처럼 구현되었다고 한다.

(2010)

촛불집회

신문을 펼쳐보니 촛불집회에 관한 기사가 실려 있다. 촛불집회 1주년을 기념 한다면서 또 경찰과 충돌했다는 기사였다. 지난해 어느 날 아침, '촛불시위로 서울시가지가 마비되었다'던 신문 한 면이 생생하게 떠올랐다.

'주말 저녁 무법의 밤에 발가벗겨진 경찰'이라는 큰 명제와 사진들이 실렸었다. 경찰 2명이 웃통이 벗겨진 채로 몰매를 맞는 모습과 신발과 양말이 벗겨진 맨발인 채로 시위대에 쫓겨 가는 그런 사진이었다.

촛불시위가 몇 달 동안이나 계속 되었고, 서울 거리에선 폭력이 횡행하고 시위 군중이 곧 법인 세상처럼 보였다.

하루는 보다 못한 노인이 촛불시위대를 향해 '북한군이 미사일을 쏘고, 금강산 관광객을 죽인 것에는 말 한마디도 못하는 비겁자'란 말을 했다가 시위대가 던진 쓰레기통에 맞았다. 그것도 부족해서 노인을 향해 "이런데서 안 맞아 죽은 걸 다행으로 알아야지."라며 욕설을 해댔고, 같은 날 버스를 기다리던 60대 시민도 "차는 다닐 수 있도록 해야지"라고 한마디 했다가 비슷한 봉변을 당했다. 노인을 공경하는 마음은 바닥으로 떨어진 지 오래고 과격한 생각과 행동들이 나라의 미래를 어둡게 하였다.

한밤중에 도심 한복판에서 유모차를 끌고, 어린 학생들까지 동원되는 그런 광경은 이해하기가 쉽지 않았다. 무섭게 변한 한국인의 모습을 주변국들은 어떻게 볼 것인가를 한 번쯤 생각을 했으면 좋았을 것인데….

나라를 위하고 국민의 건강을 위하여 촛불시위를 하는 것이라는 긍정적인 생각도 해보았지만 이런 집단폭력은 아니지 싶다. 하나에서 하나를 보면 분명 우리 모두가 일어나서 팔을 걷어붙이고 바로잡아야 하는 일들이지만, 두 개 세 개를 놓고 그 어떤 하나를 희생해야 할 일이 생긴다며 서로가 피해를 적게 보는 하나를 택해야 하지 않을까.

외교 정책은 절대 덧셈의 게임(additive game)은 있어도 제로섬 게임은 없다는 글을 어느 책에서 봤다.

우리네 작은 살림살이와 나라의 큰 살림살이가 비슷하지 싶다. 세상을 살다보면 손해를 보는 것 같은 일들이 많이 있지만, 하나를 손해 보면 그보다 더 큰 것을 얻게 되는 즐거움도 있기 마련이다.

지금 우리는 당장 해야 할 일들이 많다. 미사일로 위협하는 북한과의 관계도 그렇고 또 일본이 독도를 자기네 땅이라고 우기는 속물근성도 바로 잡아야할 중요한 시기다. 서로 힘을 모아 단합하고 뭐가 옳고 그런지를 잘 판단해야만 우리나라를 무시하는 주변국이 없을 것이 아닌가.

한치 앞이 보이지 않는 어두운 문제들을 하루 속히 풀어서, 세상 살맛난다는 말을 할 수 있게 되었으면 좋겠다. 행복이란 물질도 중요하지만 먼저 마음이 편해야 하지 않을까.

문득 문명을 등지고 살아가는 아프리카 '투토르원시족'이 생각난다. 문명의 혜택도 없이 먹을 수 있는 양만큼만 자급자족하며 진보나 변화 없이 살아가는 부족들이다. 누구의 지배나 남을 침해하는 법 없이 아담과 이브처럼, 자연 속에서 아무런 욕심 없이 살아가는 그들이 부럽게 느껴졌던 그날의 기억들이 새롭다.

내일 아침 신문에는 멱살을 잡고 아귀다툼을 하는 정치판의 우울한 소식이, 북한에서 미사일 쏜다며 우리 국민을 걱정하게 하는 소식이 아니면 좋겠다. 이런 저런 미담으로 한 세상 살만하다고, 너와 나 미소가 번지는 그런 온정의 글들이 가득 실리게 되기를 빌어본다.

(2009)

냉정한 저울

봄비가 촉촉하게 내리는 일요일 새벽에 시장을 갔다.

시장 입구에는 비를 맞으며 손을 흔들고 힘찬 율동을 하며 손가락으로 V자를 만들어 보이는 사람이 있었다. 기호 2번이라는 뜻인지, 아니면 희망의 메시지를 주는 후보라는 뜻인지 알 수는 없지만 모두들 열심이었다.

허리를 90도로 굽혀 절을 하는 후보가 있는가 하면, 또 한 후보는 차 위에 서서 마른기침을 해가며 목이 쉬도록 연설문을 읽고 있었다. 양쪽 당원들의 활기찬 모습들을 보니 총선이 임박했음을 눈으로 느끼게 했다.

"이 나라 이 땅, 지역 발전을 위해 죽기 살기로 일 할 사람은 바로 저 기호 D번 ㅇㅇㅇ입니다. 기회를 주시면 열심히 하겠습니다."

선거철만 되면 으레 보는 모습이라 그런지 그들 앞을 스쳐지나 가는 사람들 반응은 젖은 나뭇잎처럼 표정이 없었다.
 시장을 빙 돌아 생선 한 마리 살 요량으로 단골집 앞에 걸음을 멈추었다. 그때 출마한 후보가 상인들 손을 잡으며 한 표를 부탁한다면서 고개를 숙였다. 후보가 지나간 그 자리를 후보 부인이 하얗고 길쭉한 손으로 명함을 건네주며 눈도장을 찍고 있었다. 냉랭한 표정으로 쳐다보는 어물전 사람들에게 부인은 한 번 더 고개를 숙이며 손을 잡고 간절하게 부탁을 했다.
 "참 별짓을 다 하는구먼. 당신들 국회의원이 되고 나서도 비린내 나는 우리 같은 사람들한테 요렇게 손잡고 인사 할란가?"
 새우를 까서 팔던 할머니가 사정없이 쏘아댔다.
 남편을 위해서 인사를 하던 그녀는 얼굴이 빨개지면서 한마디 말도 못했다. 옆에 서 있던 나 역시 민망하고 머쓱해서 고개를 돌려버렸다.
 국회의원 후보와 시장, 시의원 등등 선거철만 되면 목이 쉬도록 국민을 위하고 시민을 위해 살겠노라고 약속을 했다. 그러나 당선이 되고나면 언제 그랬냐는 듯 외면하기 일쑤였다. 시민들을 위해서 열과 성을 다해 헌신하는 사람들도 있지만, 그렇지 못한 이들이 더 많기에 유권자들은 실망을 하게 되는 것이다.
 요즘 유권자들은 정확하고 냉정한 저울질을 할 줄 안다는 것을 그들이 알았으면 싶다.

선거철만 되면 여야후보들이 경쟁하듯이 얽히고설키는 이야기가 많다. 총선의 최대 격전지로 떠오른 서울의 한 곳에서는 '알몸 대결'이 펼쳐졌다는 신문을 읽었다. 대중목욕탕까지 마다하지 않는 후보들. 목욕을 함께한다는 건 유권자 가까이 있다는 것을 은연중으로 보여주는 행위라고 한다.

어느 심리학자의 말처럼 '가장 원시적인 방법으로 동질감을 느끼게 하는 건 목욕'이라고 했다. 표심을 잡기 위해서는 무슨 일인들 못하랴만. 당선이 되면 선거유세 때 민심을 살피겠다던 초발심을 제발 잃지 않았으면 하는 바람이다.

며칠 지나고 나면 새로운 국회의원과 시장 등등이 뽑힐 것이다.

"내 고향을 위해 머슴처럼 일하고 내 손이 필요하면 언제든지 불러만 주이소. 한걸음에 달려오겠습니다."

자기 말에 책임을 질 수 있는 후보가 당선되어서 고향을 만들고 이웃을 편하게 할 수 있기를, 또 그렇게 한 말들이 진실이기를 기대하며 민심이 천심이란 걸 잊지 말기를 바란다.   (2008)

다랑이 마을

 겨울 철새들이 빈 들판을 낮게 날고 있다. 가을의 풍요를 거두고 난 빈자리에 떨어진 알곡을 찾는 새들처럼, 척박함 속에서도 누대를 살아간다는 남해의 한 작은 마을을 찾아갔다.
 차창 밖으로 보이는 해안풍경은 퍽 여유로워 보였다. 빨간 모자를 쓴 것 같은 키 낮은 집들과 끝없이 펼쳐진 파란 마늘밭, 비취빛 하늘을 닮은 바다가 절묘하게 조화를 이루고 있다.
 삼천포에서 창선까지 다섯 개의 다리로 연결된 연륙교를 지나고, 따사로운 볕살이 쏟아져 보석처럼 반짝이는 해안을 끼고 한 시간쯤 차를 몰았다. 드디어 '농촌 전통체험 다랑이 마을'에 도착했다. 꽤 알려져 있어서 그런지 관광버스 몇 대가 먼저와 있었다.
 마을입구 전망대에서 내려다 본 전경은, 산간지방에서 흔하게 볼 수 있는 천수답인 다랑논과는 사뭇 달랐다. 경사가 진 지형에서 계단식으로 만든 논은 밑에서 시작하여 서서히 높아져 산자락까지 이어지는 것이 일반적인 다랑논이다. 그런데 이곳은 돌과 바람이 많고 평야가 없는 갯가의 지형 조건에 맞추어, 마을 전체가 구불구불한 낮은 돌담길로 이어져 바다로 내려간 것이 특징인 것이다.

차가 다니는 도로 밑으로 60여 호의 집들이 옹기종기 키를 맞추어 있고, 아래로는 비탈지고 급경사진 다랑논들이 나열되어 있었다.

주변에 완만한 산새가 있는 것도 아니고 마을 뒷산은 돌무더기의 악산이었다. 동네 안길도 굽이 높은 구두를 신고는 걸을 수 없을 정도로 가파르고 비좁았다. 이런 척박한 곳에서 어떻게 마을이 형성했으며 사람들이 살게 되었을까 싶을 정도였다. 내친김에 길을 따라 바닷가까지 내려가 보았다. 파도가 거세어 배 한 척 댈 수 있는 곳도 아니고, 고기 한 마리도 잡을 수 있는 곳도 아니었다. 바닷가에서 유일하게 생선을 사다먹는 곳이라 했다.

풍수지리학에 나오는 '배산임수(背山臨水)'라는 표현이 이곳에 어울릴 것 같았다. 마을 뒤로는 돌산이긴 해도 설흘산이 위용 있게 버티고 서서 마을을 지켜주고, 앞으로는 너른 태평양 바다가 있기에 가슴이 확 틔었다. 내 고향마을처럼 마구간의 두엄냄새와 낮은 돌담이 있어 기억 저편에 묻어버린 유년의 추억이 되살아나는 곳이기도 했다.

 게다가 거의 잊혀져가는 미륵신앙이 아직 남아있었다. 마을의 안녕과 풍요를 빌며 아들을 생산하지 못하는 여인들이 치성을 드리면 그 정성에 감동되어 아들을 잉태한다는 미륵바위인 암수바위. 사실이든 아니든 그 민간 신앙이 재미있어 한참을 돌아보았다.

 마을을 기웃거리다가 한평생 이곳을 지키며 살았다는 할머니를 만났다. 열대여섯 살에 시집와서 시아버님 드리려고 막걸리를 빚게 된 것이, 어언 오십년이 넘었다는 할머니의 손맛을 보며 마을이 생겨난 유래를 들었다.

 옛날 가난에 찌든 한 농부가 백마지기 논을 갈고 사는 게 소원이었단다. 산에 올라가 산신령께 치성을 드리니 이곳으로 가라 했고, 그는 천일 동안 돌을 쌓고 흙을 채워 논을 만들었다. 백마지기 논을 다 만든 후 논을 세어보니 아흔아홉 마지기 밖에 없었다. 해는 서쪽으로 잠겨들고, 다음 날 밝으면 찾을 요량으로 땅에 놓아둔 삿갓을 집어 들자 그 삿갓 밑에 논 한 떼기가 있었단다.

 남해의 다랑논들은 삿갓크기만큼의 작은 논이라는 뜻으로 그런 재미있는 유래가 생겨났지 싶다. 전설 같은 얘기를 들으면서 군내가 나는 폭 익은 김치 한 포기로 안주하여 막걸리 한 잔씩 마셨다.

 하얀 운무가 수평선 멀리까지 펼쳐져 있고, 노을이 붉게 내려앉는 시각에 수령 몇 백 년이 된 포구나무 아래서 다시 한 번 마을 전경을 내려다봤다. 온갖 어려움을 묵묵히 견뎌낸 강인한 사람들이 사는 곳이 바로 다랑이 마을이 아닌가 싶다.

따뜻한 이웃 정을 느끼지 못하는 도시 인심과는 분명 다르게 살아가는 모습이었다. 도시에서는 같은 아파트 단지 안에 누가 사는지, 아래 위층 어떻게 살아가는지 모른다. 요즘 같은 시대에 이곳 다랑이 마을은 동기간처럼 정을 나누고, 힘든 일들은 품앗이로 서로 도와주고 받는단다.

빠른 속도, 빠른 성장, 빠른 성공만이 능사는 아니라는 것을 이곳에서 봤다. 조금은 느리더라도 사람이 살아가는 데는 사랑과 정이 있어야한다는 것을 새삼 느꼈다.

다랑이 마을이란 이름처럼 순수함을 잃지 않고 자연 속에 순응하며 살아가는 그들이 있기에 이곳은 한 폭의 수묵화로 그려지지 않을까. 대대손손 세태에 물들지 아니하고 오랫동안 보존되기를 빌며 발길을 돌렸다.

더불어 사는 삶

돈 자랑도 좋지만 이건 너무 심하다.

유럽 9일 여행에 3,700만원! 어느 여행사에서 최근 내놓은 여행상품을 보고 문의전화가 쇄도한단다. 이탈리아, 남프랑스 9일 상품이 하루 410만원이라니 신문 한 면에 적힌 광고를 보다가 덮어버렸다.

요즘처럼 환율 불안과 고물가로 서민경제에 주름이 깊어가는데 무분별한 호화 여행상품은 우리 서민들의 위화감만 조성한다는 걸 왜 모를까. 어느 나라 부자들에게 판매되었던 상품이 국내로 들어온 것이라지만 너무 심하다는 생각이 떨쳐지지 않는다.

여행가서 하루 써버리는 돈 400만 원이면, 50여 명의 아이들한테 겨우내 입을 수 있는 솜이 두둑한 외투 한 벌씩 사줄 수 있는

돈이다.

'화향천리(花香千里) 인덕만리(人德萬里)'라는 고담(古談)이 있지 않은가. 꽃향기는 천리를 가지만 인간의 덕은 아주 먼 거리를 간다는 말처럼 가진 사람들이 1%만 떼어 주변의 힘든 이들에게 정을 베풀어준다면, 이 겨울을 얼마나 따뜻하게 보낼 수 있을까.

얼마 전, 우편함에 등기 소인이 찍힌 묵직한 봉투 하나가 들어있었다.

남편과 아들이 졸업한 초등학교이며, 십수 년 부터 작은 정 나눔을 해왔던 ○○학교에서 보내온 편지였다. 연필로 꾹꾹 써내려간 맞춤법도 틀리고 의사전달도 잘 안 되는 아이들의 글과 선생님들의 글까지 한 묶음으로 묶어져 있었다.

나눔의 어떤 대가를 바라고 한 일도 아니었고, 아이들한테 인사를 받으려고 한 일도 아니었다. 그저 내가 좋아 한 일이고 주변을 생각해서 작은 마음 나눈 것뿐이다. 그런데 이렇게 따뜻한 가슴으로 쓴 편지를 받아 한 장씩 읽다보니 콧등이 시큰하고 마음이 찹찹해졌다.

요즘 참을성이 결여된 젊은 부모들의 잘못으로 어떤 선택의 여지가 없는 아이들. 할아버지 할머니 손에서 부족한 것이 너무 많은 아이들에게 마음 한줌과 사랑 한줌 나눠 준 것밖에 없는데 이런 메아리를 되돌려 주는 아이들이 고마웠다.

'공부 열심히 해서 맛있는 음식을 잘 만드는 일등요리사가 되겠다.'며 꿈을 키우는 아이. '남을 돕는 훌륭한 사람이 되겠다.'는 아이. '동생의 밝은 얼굴을 보고 대신 글을 썼다.'는 5학년 여자아이도 있었다. 정신장애를 안고 있는 아이를 대신해서 보내준 선생님의 글 등등…. 편지를 읽다가 말할 수 없는 애잔함이 파고들어 그것을 삭이느라 애꿎은 하늘만 쳐다봤다.

 봄은 겨울의 긴 기다림 속에 온다고 했던가. 12월 차가운 바람 속에서도 봄이라는 꽃눈을 틔우고, 희망을 주는 아이들의 마음을 읽으며 시린 코끝을 훔쳤다.

 그동안 살아온 삶 속에서 얼마나 남을 위해 살았는지, 자신에게 얼마나 충실했는지, 또 후회할 일들은 없었는지 한 번 뒤돌아보게 만드는 아이들. 일 년에 한두 번 나눈 정으로 내 자신을 위한 생색내기나 가식적인 체면 세우기는 아니었는지. 이런 저런 생각 속에 갇혀 꼼짝할 수 없었다.

 '이 아이들이 따뜻한 사랑을 받은 만큼 잘 자라서 사회에 되돌려 환원할 수 있는 사랑의 띠가 되리라 믿습니다.'라고 끝맺음을 한 여선생님의 글과 초고가(超高價) 여행상품이 작은 손바닥 안에 음과 양이 동시대에 공존하고 있음이 안타까웠다.

 내가 아닌 너를 위하여 더불어 사는 삶. 분명 작은 즐거움이 있을 것이고, 또 누군가를 생각하고 전하는 마음과 사랑은 스스로를 자유롭게 하지 않겠는가.

  가슴 시린 이런 날, 혹한에 싹틔우는 보리싹처럼 파랗게 봄을 향해 가는 길목에서 쓸쓸하게 지내는 이웃들을 한 번 되돌아보면 어떨까싶다. (2007)

땅에게도 휴식을

 저녁밥을 준비하려는데 쌀 씻기가 두려워진다. 지하 몇 백 미터에서 퍼 올린 암반수라고 해서 사온 물도 의심스럽다.
 우리는 지금 오늘이 어제보다, 내일은 더 발전되고 나은 세상을 살아간다. 그런데도 수십 년 전으로 되돌아가는 일들이 생기고 있으니 말이다.
 연일 보도되는 구제역으로 나라가 시끄럽다. 전염병으로 수백 마리가 생매장되어 비탈진 곳에서 핏물이 흘러나오고, 부패한 사체가 튀어나오는 TV방송을 본 탓인가, '가축 매몰지에서 벼농사나 밭작물을 재배를 한다.'는 신문 한 줄을 읽고 나서일까. 너와나 생각 없이 먹고 마시던 밥과 물에 2차 환경오염을 일으키지 않을까 라는 의구심이 생겼다.

위생이 낙후된 나라에서나 발생한다는 구제역이, 세계 13위 경제규모를 자랑하는 우리나라에서 기록적인 사태로 번지고 있다.

구제역 발병의 원인은 기업 형 농가를 육성하겠다는 큰 포부를 가진 정부가 공급 과잉 생산을 부추기는 정책을 펼쳐왔기 때문이다. 좁은 공간에서 소, 돼지를 밀집 사육을 하다 보니 방역보다 전염이 빠르게 확산되는 것은 기정사실 아닌가. 심각하게 예방정책을 내놓고 초기 대응을 못한 정부의 책임도 있지만, 어느 지방 사람들이 '선진 축산업 견학'을 한다면서 선진국이 아닌 구제역으로 몸살을 앓는 베트남으로 이상한 여행을 갔다 온 후부터란다.

소, 돼지 몇 마리 식구처럼 키우는 영세농가와 작은 자본으로 식당을 운영하는 동네 고깃집도 있다. 반면에 과잉 생산으로 값이 하락하여 출하를 늦추고 있다가, 구제역이라는 몸살을 틈타 살 처분하고서 수십억, 심지어 100억이 넘는 보상금을 손에 쥐었다는 기업 형 축산 부농(富農)들도 생겨났단다.

한 마을에서는 인심까지 흉흉해지는 양극화 현상이 생긴다고 한다. 익혀서 먹으면 몸에는 아무 이상이 없다는 말들을 하면서도, 살아있는 소, 돼지 몇 백 마리를 살 처분하고, 수 조원의 재정을 쏟아 붓고 있으니 안타까운 일 아닌가.

내 어린 시절에도 동물 전염병은 있었다. 구제역이라고 하는 병명인지 그때는 잘 몰랐지만, 50여 년 전에 외양간이나 돼지막사가 있

땅에게도 휴식을 · 181

는 담벼락에 가축질병 예방 포스터가 붙여져 있었던 기억이 있다.
 키우던 가축들이 침을 흘리는 이상 증세가 보이면, 다른 곳으로 전염되지 않도록 면소직원을 불렀다. 그들이 보는 앞에서 깊숙이 파묻었고, 동물 사체가 묻힌 곳에는 오랫동안 농사도 짓지 말고 잡초도 베지 말라는 당부까지 했다.
 열을 가하여 먹으면 몸에 아무런 병증이 없다면서 죽기 전에 도살하여 헐값으로 파는 사람도 있었다. 육류 맛은 명절이나 손님이 찾아오지 않는 한 맛보기가 어려웠던 가난한 시절이라 그랬는지, 면직원이 보는 앞에서 땅에 묻었다가 그들이 가고 나면 다시 파내어 동네 사람들과 나눠 먹기도 했다
 그 시절에 어른들이 했던 방식대로만 하였어도, 지금처럼 온 나라가 시끄럽고 토양이 병들어 가지 않을 것이다.

 뉴질랜드로 여행을 다녀 올 기회가 있었다. 넓고 푸른 초원에서 한가롭게 풀을 뜯는 소들을 보다가 이상한 점을 발견하여 가이드에게 물었다.
 "소가 있는 곳과 소가 없는 곳은 무엇 때문인가?"
 소가 없는 곳은 땅의 휴면 기간이라고 했다. 가축 몇 마리 당 면적을 정해 놓고 있단다. 그 나라에는 토양 오염이 없도록 법으로 통제를 하고, 가축의 배설물까지 자연 정화시킬 수 있도록 잡

초도 베지 않고 빈 땅으로 둔다고 했다.

　우리나라는 어떤가. 밀집 된 곳에서 수십 수백 마리 소, 돼지, 닭이 오글거리는 환경이 대조적이라는 생각이 들었다. 그런 선진국에 가서 '선진 축산업 견학'을 하고, 또 국토를 관리하는 방법을 조금만 배워 왔으면 좋았을 것이다.

　정부와 농장주들이 조금만 신경을 썼더라면, 오늘날 이런 사태까지는 생기지도 않았을 것인데 하는 아쉬움이 많이 남았다.

　G20의장국을 치른 나라, 세계 어느 나라보다 아름답다고 칭찬을 하던 금수강산을 자손만대에 물려줄 수 있도록 우리도 땅에게 휴식을 주면 좋겠다.

(2011)

火星人 (화성인)

　인터넷에서 명품녀에 대한 논란이 뜨겁다. 삼십대의 한 여성이 케이블 방송에 나와서 타고 다니는 외제자동차와 의상, 명품 보석과 시계 등이 4억 원이라고 했다. 사실이다, 아니다 논란이 되었다가 결국 해프닝으로 끝나긴 했지만, 우리 사회 소비풍토의 한 단면을 보는 것 같았다.

　얼마 전에도 얼굴이 곱상하고 앳된 처녀애가 '화성인'이라는 TV 프로에 나왔다. 남자친구와 우동 한 그릇을 사 먹기 위해 일본으로 갔다가온 얘기를 자랑처럼 했다. 사회를 맡은 코미디언과 그야말로 코미디 같은 말들을, 호주머니에서 백 원짜리 동전 꺼내듯이 주고받았다.

　서울에서 도쿄로 가는 항공료가 왕복이면 어림잡아 50만원이라고 한다. 남자친구와 동행하였으니 금액이 대충 나온다. 일본에서 우동 한 그릇 먹고 쇼핑하는 값으로, 우리 서민 2백여 명이 먹을 수 있는 돈을 낭비한다는 계산이다. 그녀는 어떤 생각으로 세상을 살아가는지 도저히 납득이 되지 않았다.

동네 중국집에서 사먹는 우동 한 그릇은, 몇 천원이면 배가 부르도록 먹을 수 있다. 돈이 아무리 많다한들 꼭 일본까지 가서 우동을 먹어야 했을까? 단순한 가십거리로 넘길 것이 아닌 이유는, 우리 국가의 재정적(財政的)인 문제이면서 젊은이들의 돈에 대한 가치관이 우려되어서다.

'내일 잘사는 사회를 위해 더 많은 돈을 남길 수 있다면 오늘 화려한 소비를 삼가야 한다.'면서 검소한 생활을 실천했던 미국의 부호(富豪) 워런 버핏의 말을 그녀가 들었다면 어땠을까. 서른한 살의 그녀는 직장을 다녀본 적이 없다고 한다. 부자 부모를 만나 호의호식 하면서 살아가고 있는 그야말로 지구가 아닌 먼 나라에서 온 화성인이었다.

그녀는 다리를 꼬고 앉아 '돈을 잘 쓰는 사람이 좋다'며 우리네 살아가는 삶과 동떨어진 이야기를 스스럼없이 하면서 웃고 있었다. 부끄럼 없이 당당하게 말하는 것을 보면서 옆에 있는 아들의 눈치를 슬쩍 살폈다.

지금 내 자식과 같은 또래이기에 어떻게 받아들일지 염려가 되었다. 밤잠을 설치면서 공부하여 대학을 졸업하고 어렵게 구한 직장에서, 한 달여 동안 씨름하여 받는 월급을 그녀는 하루 만에 쓰고 왔으니 아들의 기분은 어떠했을까. 힘든 노력의 대가로 받는 월급이 다른 사람에겐 우동 한 그릇 값 정도밖에 되지 않는다고 생각한다면 일할 기분이 나겠는가. 능력 없는 부모를 원망할 것이고 자신의 존재감도 상실하여 의욕을 잃을 수도 있을 것이 아닌가.

논란이 되었던 명품녀와 화성인을 보면서, 해외CEO들이 줄줄이 한국시장을 치켜세우는 이유를 알 수 있었다. 지난 7월 강남의 한 백화점에 오픈한 명품 화장품코너에서 하루 매출액이 수억이라고 했었다. 기네스 감이라는 기사를 보면서 또 한 번 사회의 위기감을 느꼈었다. 우리나라 경제는 15위권이지만 명품구입 소비는 3~4위를 웃돌고 있다고 했다.

조상 대대로 부자로 살아온 사람들은 예사롭게 돈을 쓰고 살겠지만, 하루하루 끼니 걱정을 하면서 곤곤하게 사는 사람들이 더 많은 게 우리네 실정이다. 가난을 면치 못하고 살아가는 서민들을 위하여 한 번쯤 되돌아보면 어떨까.

물론 소비를 하는 사람이 있어야 경제가 살아난다고 한다. 그렇다고 수입보다 지출이 많다면 얼마 못가 그 가정은 파탄하고 말 것이다. 국가도 마찬가지다. 빚을 내어 수익성 없는 사업을 밀어붙이고 여기 저기 소비하다보면 빚 청산하기가 쉽지 않다는 것은 누구나 다 알 일이다.

 미국의 한 기업인이 우리나라에 투자하면서 '한국인들의 근면성과 높은 저축률 때문'이라고 했다. 6·25전후 부모세대들은 그렇게 근면한 생활을 해왔다. 빈곤하게 살아왔었기에 자식들한테는 가난을 물려주지 않으려고 허리띠를 졸라 맸었다. 하지만 자식들 세대들은 그걸 잘 모른다.

 돈! 돈이란 물건을 함부로 했다가는 사람을 비참하게 만들기도 하고, 사람의 위치를 상승시키기도 한다.

 몸에 치장한 명품만 4억 원이라고 하던 삼십대 후반의 여성과 우동 한 그릇을 먹기 위해 남자 친구와 일본을 갔다 왔다는 삼십대 초반의 두 여성. 10년 20년 후, 그들이 과연 어떤 모습으로 변해있을지 사뭇 궁금해진다.

 거리낌 없이 말하던 그녀들을 보면서 느낀 것은 부모들이 자식들에게 맹목적인 사랑과 물질을 주어서는 안 된다는 것이다. 힘들게 번 돈을 가치 있게 쓰게 하고, 자식들이 직접 생선을 잡을 수 있도록 낚시기술을 익혀 주어야한다. 노력의 대가를 한 번 생각할 수 있도록 가르쳐야 했다.

 '돈은 최선의 하인이요. 최악의 주인이다.'라는 격언을 한 번 더 생각하게끔 하는 날이었다.

한낮의 어둠

얼마 전 서울에서의 일이다. 강남터미널로 가기 위해 택시를 탔는데 사투리 때문이었는지 기사가 호기심을 가지고 질문을 해댔다. 경상도 어디서 왔으며, 그곳 인심과 경제는 어떠하며 또 나라님에 대한 여론 등을 묻는 것이다.

"조금 전에 우리말을 유창하게 하는 외국인을 태웠는데, 한국의 젊은이들은 김정일 바보를 바본 줄 모르는 바보라고 했어요. 햇볕정치다 뭐다 하면서 쌀, 비료, 돈 다 퍼다 주는 어르신도 바보고, 불편한 몸으로 북한을 고향 찾아가듯 가려고 하는 전직 대통령도 바보라고…."

갯가에 사는 촌아낙이라서 정치는 잘 모른다며 웃었다. 한 가지 바람이 있다면 우리 모두가 의식주 걱정 없이 살 수만 있다면 좋겠고, 덧붙인다면 아들이 공군 장교라서 그런지 북한의 미사일에 관한 일이 신경 쓰인다고 했다. 수긍한다는 듯 반백의 그 기사도 진지한 표정으로 말을 계속했다.

달리는 택시 안에서 주고받는 말들은 그 시대의 민심이며 천심을 반영하는 것이라는 말이 맞는 것 같았다.

진정한 경제 발전은 정치 민주화가 이루어져야 가능하다는 말은 우리하고는 거리가 먼 것일까. 지금 이 나라 권력을 가진 분들의 모습을 나는 '한낮의 어둠'이라고 감히 말하고 싶다.

북한은 60년대부터 미사일을 만들기 위해 많은 돈과 인력을 쏟아 부으며 전문가를 양성했으며, 지난 3월에는 미 의회 벨 주한미군사령관이 증언하기를 "북한의 단거리 미사일은 정확성과 가동성에서 획기적 도약을 이뤘다."고까지 했었다.

비록 정치에는 문외한이지만, 인도적인 도리만 내세우고 있을 때가 아니지 싶다. 우리 모두가 자유민주화를 위해 똘똘 뭉쳐 뭔가 보여줄 때가 지금이라는 생각을 갖게 된다. 물론 서로가 쉬 죽을 짓을 안 하겠지만, 그것도 확신이 없지 않은가. '쥐도 궁지에 몰리면 고양이한테 달려든다.'는 속담처럼 경제적 궁핍을 느끼게 되면 돌연 변할 수도 있는 것이 북한임을 알아야 할 때인 것이다.

전쟁 이후 어떻게 일구어낸 나라인가. 이 나라를 지키는 일이 자칫 잘못하면 자손만대에 엄청난 재앙을 줄 것임을 왜 모를까 하는 안타까움이 그 옛날 가난을 되짚게 한다.

　50년대에는 전쟁으로 나라 살림이 옹색하고 빈곤할 때였다. 먹을 것이 부족했고 풀뿌리로 연명한다던 보릿고개를 경험했다. 도시락 뚜껑을 반쯤 열어놓고 보리밥을 눈물로 먹으며 중학교, 고등학교도 제대로 못 다니던 가난을 피부로 느끼며 살아야 했다. 지금 우리가 세계 13위로 그나마 이렇게 잘살아가는 것은, 부모님들이 생살을 도려내는 고통과 뼈를 깎는 아픔을 이겨낸 대가로 얻어진 것이 아니고 무엇인가 말이다.

　초록 물이 뚝뚝 떨어질 듯한 6월은 많은 아픔이 있고, 많은 생각을 하게 하는 달이다. 4천만의 피와 눈물을 흘리게 한 6·25사변에서, 아까운 해군들의 젊은 죽음을 쉬쉬하며 묻어버린 일이며, 미사일로 우리 국민들을 인질로 잡고 강국을 협박하려드는 사건들을 심도 있게 검토하고 따질 일은 따져야 했다.

　그런데 모두가 안일하고 불편함을 모르는 척 안주하려 하지 않았던가. 대충 대충 넘어가 버리는 나라님과 정치인들, 뭐가 옳고 그런지 분간을 못하는 젊은이들에게 어느 외국인이 따끔하게 일침을 놓고 간 것이리라.

　지구 저편 독일월드컵 열기가 서울시청 앞을 한창 뜨겁게 달구던 자리는 시원한 물줄기가 솟아 한낮의 열기를 식힌다. 우리나라에서 개최되었던 월드컵과 독일에서 시작된 월드컵은 분명 다르듯이, 변화되는 세상 속에 우리 모두가 합류해야 할 것이다. 온 나라가 열광하던 그 붉은 응원단처럼 큰 목소리로 하나가 되어 뭔가를 보여 줄 때다. 두 손을 번쩍 들어 올려 태극기를 흔들면서 '오 필승 코리아! 오 필승 코리아!'를 외치던 그 열정적인 6월의 함성으로 말이다.

온갖 상념에 젖어 있는 동안 택시는 터미널에 닿고 있었다. 나는 택시에서 내리기 전 기도하는 마음으로 잠깐 묵상에 젖어 보았다.

제발 이 한반도에 살상 미사일 대신, 따뜻한 햇볕이 온 누리에 비추고 평화 통일의 폭죽이 터져주기를…. (2006)

잔인한 봄

긴 겨울을 이긴 벚나무에서 꽃봉오리 하얗게 피던 날, 백령도를 순시하던 해군(海軍) '천안함'이 원인 불명의 사고로 침몰되었단다.

깜깜하고 차가운 깊은 바다에서, 하룻밤 사이 천국과 지옥을 느끼며 살아있는 자와 죽은 자로 갈라놓았다. 두 동강이 난 함대를 찾는 작업이 하루하루 늦어질 때마다, TV앞에서 안타까운 마음으로 두 손을 모았다. 귀한 자식을 가슴에 묻어야 하는 부모와 사랑하는 남편을 잃은 이들의 울부짖음을 보며, 남의 일 같지 않아서 눈가를 닦아내곤 했다.

한 마음으로 가슴 졸이며 아픔을 느끼는 잔인한 4월이었고, 우리 모두가 천안함대의 유가족들처럼 슬픈 봄이었다.

합동영결식과 안장식이 치러지던 날. 영정 속에는 처연하리만큼

맑고 앳된 얼굴들이 웃고 있었다. '내 아들, 내 남편, 내 동생'을 잃은 그들에게 미안하고 감사했기에 '당신들을 잊지 않겠습니다'는 다짐의 글과 거리 곳곳에서 추모행렬이 이어지고 있었다. 유가족들의 오열을 보면서 이제 두 번 다시 이런 일들이 없어야 한다는 걸 새삼 느꼈다.

조국의 부름을 받아 젊음을 저당 잡히고 전방에서 새우잠을 자던 청년들이, 영영 귀환을 뒤로한 채 파도가 되고 바람이 되어 버렸으니 이 얼마나 원통할 일인가.

국토방위의 최전선에서 사명을 다하다 실종된 이 억울한 마음들을 알고 있는지, 국민성금모금을 한다. 또 한 계급 특진한다. TV에서 신문에서 희생한 유가족들을 위로하고 있어 참 다행스런 일이다.

천안함 사건 이후 군대에서 밤낮으로 비상근무를 하다가 살이 홀쭉하게 내린 내 자식의 안위도 걱정이 되고, 혹 이러다가 나라에 우환이 생기면 어쩌나 하는 염려는 나만의 기우일까.

얼마 전에 일본여행을 했다. 전쟁은 하면 안 된다는 교훈을 주기 위해, 원자폭탄이 떨어진 곳에 평화공원을 만들어 희생자들을 기리고 있었다. 그 공원에 세계평화를 기원하는 기념상이 크게 서 있었다.

예수님 머리 모양과 부처님 얼굴 표정으로 오른팔은 하늘을 향하고 왼팔은 지평선을 향하였다. 그 이유는 인종차별과 종교를 떠나서 하늘과 땅 모두가 평화를 기원하는 거란다.

"우리 인류 앞에는 두 갈래의 길이 있습니다. 하나는 핵무기 없는 세계로의 길이며, 또 하나는 65년 전의 히로시마와 나가사키와 같은 파괴를 되풀이하지 않는 길입니다. 전 세계의 지도자들과 김정일 북한총서기께 호소합니다. 부디 피폭지 나가사끼에 한 번 와 보십시오."

나가사끼 시에서 우리 여행객들한테, 핵무기 없는 세계평화를 위한 전단지를 주며 서명 운동을 받고 있었다. 핵무기로 인한 희생자들의 유골이 묻혀 있는 피폭지에 한 번 서서 전쟁이 남긴 아픔을 느껴보란다.

원자폭탄이 투하된 지 반세기가 훌쩍 지난 지금까지, 그때의 악몽이 그대로 보존하고 있는 원폭자료관을 가보았다. 강력한 방사선과 수 천도에 이르는 열선과 어마어마한 불길에 잿더미로 변한 폐허의 정적들이 그대로 남아 있었다. 희생자들의 침묵과 부상자들의 신음소리들, 맹렬한 열기에 여러 개의 유리병이 한 개로 오그라져 붙어 있었다. 1945년 8월 9일 11시 2분에 멈추어진 시계를 보면서 전쟁으로 생긴 억울함이 그대로 전해져 왔다. 간신히 살아남은 피폭자들도 방사선 후유증으로 대대손손 피부병과 유전적 질환을

자손들에게 남기고 있다니 이 얼마나 슬픈 일인가 말이다.

　국제사회는 핵무기를 단호하게 폐기시켜야 한다는 목소리를 높이고는 있지만, 핵무기가 존재하고 있는 한 사월의 봄처럼 테러리스트가 계속될 것이다.

　천안함 46명의 장병들의 희생, 이 희생이 있고나서야 나라 걱정들을 하니 안타깝다. 나라님께서도 신중하게 검토하겠다고 팔을 걷어붙이고 나섰으니 특단의 대응책이 있을 것이리라 기대가 된다.

　이번 사건을 보면서 원폭 피해를 본 일본 나가사키가 왜 생각이 나는지 모르겠다. '소 잃고 외양간 고치는 일'들이 다시는 생기지 않기를 바란다.

박순자의 수필세계

깨달음의 美學

고 동 주

(수필가)

박순자 씨가 등단 10여년 만에 처녀수필집을 선보이게 되었다.

내가 지도하고 있는 물목문학회에서 매월 한 번씩 열리는 수필 강의와 상오 작품평의 기회를 통해서 박순자씨의 작품도 그 성향을 미리 짐작하고 있는 터다.

그의 수필은 경수필에 해당되며, 문장은 쉽고도 자연스러워 읽는 이에게 부담을 주지 않는다. 생활주변에서 흔히 접할 수 있는 글감을 여성 특유의 민감하고 예리한 감각으로 이끌어 올리는데 무리가 없다. 문장 어디에도 호들갑을 떨거나 과장하는 부분을 찾을 수 없고, 그저 글과 삶이 일치함을 보여주고 있을 뿐이다.

그는 수필과 함께 그림 솜씨도 겸비하고 있다. 그래서 자연이나 사물을 바라보는 외면은 그림으로 나타나고, 그 내면은 수필의 소재가 되게 하는 남다른 재주가 돋보인다. 그래서 자연이나 사물을 보는 심미안(審美眼)도 예사롭지 않다.

그럼 여기서 박순자씨의 첫 수필집에 담겨진 작품을 압축하여 살펴보기로 한다.

첫째, 가족애(家族愛)의 분위기가 짙게 깔려 있다.
박순자 씨는 귀여운 손녀를 볼 나이가 되었고, 별다른 굴곡 없는 가정에서 안정된 삶의 바탕을 이루고 있다. 그래서 수필도 누리는 것만큼, 체험한 것만큼, 생각하는 것만큼 그려내기 마련임을 증명이라도 해주는 것 같다.

나도 한때는 풋풋한 시절이 있었다. 요람에서 태어나 사랑받는 딸로 살다가 낯선 타향으로 시집와 며느리요 아내가 되었다. 얼마 후 아이들 엄마가 되었고 시어머니가 되더니 이제는 할머니로 불리어진다.
삶의 전부라고 여겼던 아들들은 가정을 꾸리더니 내 손이 닿지 않게 저만치 가버렸다. 누구도 침범할 수 없던 작은 공간에서 삶의 깊이를 재고, 사랑을 배우며 지혜를 터득하던 자리에 새로운 인연들이 하나 둘 들어왔다.
두어 달 전, 작은 며느리가 6개월 된 손녀를 안고 집으로 왔다. 공군장교인 아들이 다른 부대로 파견 근무를 간다며, "어머니만 괜찮으시다면 집에 가서 있겠습니다."라고 하는데 어찌 오지 말라고 하겠는가.

아들들을 분가시키고 TV소리만 귀 아프게 들리던 공간에 손녀 울음소리와 아이 달래는 며느리 노랫소리가 채워졌다. 집에 왔을 때는 겨우 엎치던 아이가, 고사리 같은 작은 손바닥을 마주치며 짝짝꿍 놀이를 할 정도로 하루하루가 다르게 자랐다.
  내 자식 키울 때는 살아야하는 고단함에 애들 예쁜 줄도 몰랐는데, 손녀는 정말 예쁘고 사랑스러웠다. 방글거리는 손녀가 보고 싶어서 남편도 빨리 집으로 올 정도로 집안분위기가 달라지고 생기가 돌았다.
―「소중한 만남」중에서

 이렇게 아내로서, 주부로서, 어머니로서, 할머니로서의 역할까지를 다하면서 깨달음의 보석을 찾아내고 있다.
 그의 수필은 붉은 장미처럼 화려하지는 않으나, 조용한 정(情)이 머물면서 정갈한 모습으로 피어나는 풀꽃을 닮았다. 튀지 않는 표현 기법이 진실에 가깝고, 안정과 신뢰의 분위기로 감싸주는 듯하다. 그러나 가족애에 너무 치우치다 보면 신변잡사에 머무를 위험도 있음을 알고, 인생의 의미를 추구하여 문학정신을 높여나가는데 게을리 말아야 할 것이다.

 둘째, 잘못된 사회현상을 찌르는 멋이 있다.
 박순자 씨의 수필은 단순한 어떤 사건의 기록차원을 넘어 냉철한 비평정신과 내일의 지표까지 제시하고 있다.
 주부의 위치인데도 때로는 시대의 핵심에 서서 날카로운 비판의 일면도 지니는 매력을 보여준다.

또 비판에만 초점을 두는 것이 아니라, 정(情)이 없어 살벌해진 경우까지를 회복하려는 의지가 나타나고 있다.

    신문을 펼쳐보니 촛불집회에 관한 기사가 실려 있다. 촛불집회 1주년을 기념 한다면서 또 경찰과 충돌했다는 기사였다. 지난해 어느 날 아침, '촛불시위로 서울시가지가 마비되었다'던 신문 한 면이 생생하게 떠올랐다.
    '주말 저녁 무법의 밤에 발가벗겨진 경찰'이라는 큰 명제와 사진들이 실렸었다. 경찰 2명이 웃통이 벗겨진 채로 몰매를 맞는 모습과 신발과 양말이 벗겨진 맨발인 채로 시위대에 쫓겨 가는 그런 사진이었다.
    촛불시위가 몇 달 동안이나 계속 되었고, 서울 거리에선 폭력이 횡행하고 시위 군중이 곧 법인 세상처럼 보였다.
    하루는 보다 못한 노인이 촛불시위대를 향해 '북한군이 미사일을 쏘고, 금강산 관광객을 죽인 것에는 말 한마디도 못하는 비겁자'란 말을 했다가 시위대가 던진 쓰레기통에 맞았다. 그것도 부족해서 노인을 향해 "이런데서 안 맞아 죽은 걸 다행으로 알아야지."라며 욕설을 해댔고, 같은 날 버스를 기다리던 60대 시민도 "차는 다닐 수 있도록 해야지"라고 한마디 했다가 비슷한 봉변을 당했다. 노인을 공경하는 마음은 바닥으로 떨어진 지 오래고 과격한 생각과 행동들이 나라의 미래를 어둡게 하였다.

                                                    - 「촛불집회」 중에서

  그는 주변에 보이는 잔잔한 상처를 곧잘 마음에 담아 다독인다. 촛불집회의 피해 중에서도 특히 노인들이 바른말로 호통 치는데 대해, 욕설로 대항하는 젊은이들 앞에 분개한다.

바닥으로 떨어진 노인 공경의 분위기에서 나라 장래의 어두운 모습까지 예감하고 마음 아파하는 마음씨가 나타난다. 인간다운 따스한 체온이 느껴지는 부분이다.

인간은 살아가면서 주변에서 헝클어진 사건들을 더러 접하게 된다. 이럴 때 그런 사슬에서 빠져나가는 철학을 제시하고 안식을 주는 것이 수필의 매력임을 이미 알고 있을 터. 사리의 핵심을 찌르고 애절한 인간의 노래를 담아 현대인의 메마른 지성에 높은 차원의 정서를 부여하는데 계속 정진하기 바란다.

셋째, 지인들과의 만남에서 깨달음의 미학을 건진다.

박순자 씨의 수필에서 만남이 소재가 된 글을 흔히 볼 수 있다. 그 만남에서 인간이 어떻게 살아야 하는지에 대한 의미를 찾아내는 의욕이 강하게 나타나고 있는 것을 느끼게 된다.

'살아있는 모든 생명에 감사하고 작은 좁쌀 한 알에도 우주가 담겨있음을 봐야 하고, 세상 살기 힘들어도 서로 도와 가는 사회를 만들어야 한다.'
지금 가만히 생각해보면 그것이 바로 더불어 살아가는 생명사상이 아니었던가 싶다.
그런 인연으로 언젠가 강원도 선생님 댁을 방문했었다. 바다사업의 거듭된 실패와 쪼들림을 위로하고 싶었는지 화선지를 펴시고 덕담 한 채 써주셨다.
'天言四行百生 使歲時爲物焉(천언사행백생 사세시위물언)' 논어(論語)에

나오는 문구(文句) 한 편이었다
　'살면서 충·효·우애·신의를 잘 실천하면 남들보다 뛰어난 벼슬과 물질이 어찌 오지 않으리오.'라는 덕담이었다. 선생의 담백하고 정갈한 예서(隸書)체의 글씨 한 점과 청아한 난초 한 점이 우리 집 가훈처럼 거실에서 내 살아가는 모습을 지키고 있는 것이다.
-「좁쌀 한 알에 우주를 담아」중에서

그는 이렇게 만남과 대화를 소홀히 하지 않는다. 가능한 집중하여 듣다가 감동스런 부분을 접하면 놓치는 법이 없다.
　그렇게 소재를 수집하였다가, 그 소재에서 삶의 깨달음을 얻고, 행복의 가치를 발견하면 드디어 수필이라는 틀에 넣어 작품으로 형상화한다. 그러나 수필은 어디까지나 작가가 주인공이 되고 고백과 토론의 형식을 취해야 하는 것이기에 어쩌다 주객이 전도될 수 있는 위험이 있으니 조심할 부분이다.
　한편 전문지식인과의 만남에서는 진한 교도성이 묻어올 수 있으니, 독자로 하여금 거부반응 없이 깨달음에 이를 수 있도록 잘 다듬어져야 할 것이다.

　노파심에서 언젠가 강의 시간에 강조했던 사항이지만 다시 한 번 새겨두기 바란다.
　'내 수필에 미적 향기를 담고 있는가?'
　'진한 인간미가 녹아 있는가?'

'사색이나 상상의 깊이가 있는가?'
'사려 깊은 비전을 제시하였는가?'
'글자 한 자에 이르기까지 주제를 향해서 바로 섰는가?' 등.

처녀수필집의 탄생을 축하하며, 계속해서 더 열심히 갈고 닦아 좋은 수필을 더 많이 남길 수 있게 되기를 바라면서 이 글을 맺는다.